中学思政课
实践教学案例设计

ZHONGXUE SIZHENG KE

SHIJIAN JIAOXUE ANLI SHEJI

刘建良　张世杨　胡大维◎主　编
翁海亮　陈质颖　申巧巧◎副主编

安徽师范大学出版社
ANHUI NORMAL UNIVERSITY PRESS
·芜湖·

图书在版编目(CIP)数据

中学思政课实践教学案例设计 / 刘建良, 张世杨, 胡大维主编. -- 芜湖 : 安徽师范大学出版社, 2025. 6. -- ISBN 978-7-5676-7315-1

Ⅰ. G633.202

中国国家版本馆CIP数据核字第2025N5F870号

中学思政课实践教学案例设计

刘建良　张世杨　胡大维◎主编

责任编辑:胡志立　　　　　责任校对:江　彬
装帧设计:张　玲　汤彬彬　责任印制:桑国磊
出版发行:安徽师范大学出版社
　　　　　芜湖市北京中路2号安徽师范大学赭山校区
网　　　址:https://press.ahnu.edu.cn
发 行 部:0553-3883578　5910327　5910310(传真)
印　　　刷:苏州市古得堡数码印刷有限公司
版　　　次:2025年6月第1版
印　　　次:2025年6月第1次印刷
规　　　格:700 mm × 1000 mm　1/16
印　　　张:16.5
字　　　数:257千字
书　　　号:978-7-5676-7315-1
定　　　价:59.80元

凡发现图书有质量问题,请与我社联系(联系电话:0553-5910315)

前　言

　　2019年3月18日，习近平总书记在学校思想政治理论课教师座谈会上就如何推动思政课的改革创新提出了"坚持理论性和实践性相统一"的要求，指出："用科学理论培养人，重视思政课的实践性，把思政小课堂同社会大课堂结合起来，教育引导学生立鸿鹄志，做奋斗者。"2020年9月17日，习近平总书记到岳麓书院考察调研，同正在开展思政课现场教学的师生们亲切交流，强调："要把课堂教学和实践教学有机结合起来，充分运用丰富的历史文化资源，紧密联系中国共产党和中国人民的奋斗历程，深刻领悟马克思主义中国化的内在道理，深刻领悟为什么历史和人民选择了中国共产党和社会主义，进一步坚定'四个自信'。"习近平总书记关于思政课的上述重要论述，不仅进一步明确了实践性是思政课的重要属性，也进一步凸显了实践教学在思政课教学中的重要地位。

　　针对如何落实思政课的实践教学，《普通高中思想政治课程标准（2017年版2020年修订）》提出了"走出教室，迈入社会实践活动的大课堂"的建议和要求，指出：学科内容的教学与社会实践活动相结合，是活动型学科课程的显著特点。社会实践活动包括志愿服务、社会调查、专题访谈、参观访问，以及各种职业体验等。校外社会实践活动为教学提供了更广阔的空间、更丰富的资源、更真实的情境，是实施活动型学科课程的社会大课堂。开展社会实践活动，要从学生的成长需要山发，加强对乡土资源的开发与利用，丰富教学内容，加深学生对社会的认识与理解。《义务教育道德与法治课程标准（2022年版）》中提出了"丰富学生实践体验，促进知行合一"的建议和要求，指出：教学要与社会实践活动相结合，加强课内课外联结，实现隐性课程与显性课程相配合。注重案例教学，选择、设计和运用个人和社会生活中的典型实例，鼓励学生探究、讨论，提高学生的价值辨析能力。要积极探索议题式、体验式、项目式等多种教学方法，引导学生参与体验，促进感悟与建构。要采取热点分析、角色扮演、情境体验、模拟活动等方式，引导学生开展自主探究与合作探究，让学生认识社会。通过参观访问、现场观摩、志愿服务、生产劳动、研学旅行等方式走向社会，增进学生对国情、社情、民情的了解，增强爱国情感。鼓励学生在社会实践中扩展自己的视野，提升自己的能力，学以致用，知行合一。

从具体的教学实施来看，虽然课程标准中就如何落实思政课的实践教学给出了具体的指导建议，但是由于受主客观因素的影响，思政课的实践教学仍然存在重视程度不够以及"娱乐化、形式化、表面化"等问题。这些问题的解决，需要教育主管部门、基层学校领导的重视与支持，需要理论研究者的设计与思考，更需要广大一线教师的积极探索。对此，上海师范大学思政教师教育教研室主任刘建良与上海市奉贤区思政课教研员张世杨、胡大维及其团队基于学生核心素养的培育和发展，立足思政小课堂与社会大课堂相结合的要求，在实践教学中就如何开发和设计思政课社会实践活动做了实践探索，形成了关联学科知识、衔接课堂教学内容、明确核心素养培养目标、落实教学评一致性的实践教学案例设计框架，并组织团队教师结合本土资源展开案例开发、活动实施和教研活动。本书即是该项探索部分成果的呈现。

全书由上海师范大学刘建良，上海市奉贤区教育学院张世杨、胡大维担任主编；上海市奉贤区教育学院翁海亮、上海交通大学附属黄浦实验中学陈质颖、上海市高桥中学申巧巧担任副主编。其中，刘建良负责整体策划设计、具体指导和统稿工作；张世杨、胡大维分别组织了高中、初中两个学段的教学案例征集、指导工作，并主持撰写了指向核心素养培育的高中、初中两个学段的实践教学案例设计建议；翁海亮全程参与并支持了案例开发及教研活动；陈质颖、申巧巧协助主编做了稿件征集、文字编辑以及统稿等工作。

本书编写得到了上海师范大学教务处领导的大力支持，得到了上海师范大学"面向未来的教师教育优质教材出版工程"的资金资助。同时，本书的顺利出版离不开安徽师范大学出版社吴顺安老师的热忱关心、支持和帮助，离不开责任编辑胡志立老师所做的大量烦琐而细致、专业的工作。在此我们深表敬意和谢意。

本书可以用作普通高校思想政治教育师范专业本科生、学科教学（思政）研究生的教学设计相关课程教材或学习辅导用书，也可以作为中学思政课教师开展实践教学的培训用书和教学参考用书。本书存在不足之处，真诚欢迎广大读者朋友批评指正！

编　者

2024 年 11 月

目　录

上编　初中《道德与法治》

第一章　指向政治认同素养培育的实践教学案例设计

　　《义务教育道德与法治课程标准（2022年版）》中指出，政治认同是指具备热爱伟大祖国、中华民族、中华文化、中国共产党、中国特色社会主义的情感，以及为中华民族伟大复兴而奋斗的志向，能够自觉践行和弘扬社会主义核心价值观。政治认同主要表现在政治方向、价值取向和家国情怀三个方面。培育学生的政治认同素养是道德与法治课程的重要任务，即培养学生形成正确的世界观、人生观、价值观，坚定正确的政治方向，初步树立共产主义远大理想和中国特色社会主义共同理想，成为德智体美劳全面发展的社会主义建设者和接班人。

　　政治认同不仅是一种心理归属，更是一种承认、认可的情感倾向，是一种政治实践。培养学生的政治认同不能仅仅依靠课堂教学，也不可能依靠学生自发学习而形成，政治认同是在学生亲身体验、积极反思的过程中逐步形成的。因此，教师要充分利用好校内外资源，丰富社会实践活动的载体，校外资源如本地的博物馆、红色基地、政府机关等场所，为学生提供更广阔的实践平台和资源。在进行社会实践的教学设计时，可以通过模拟选举、模拟听证会、政策讨论、社会考查、宣讲解说、小课题研究、参观革命遗址等多种方式培养学生的政治认同素养，引导学生把爱国情、强国志、报国行融入服务人民、服务社会的过程之中，让学生亲身感受政治生活的魅力，增强学生对国家制度和社会治理的认同，不断提高他们的政治素养和能力，增强实践育人的实效性。

在设计指向培育政治认同的社会实践教学活动时，教师要关注以下要求。第一，设计贴近现实的实践活动，增强学生对政治制度的直观认识。选择与学生日常生活紧密相关的政治话题，增强学生对政治制度的认同感和归属感。第二，引导学生理性分析政治现象，培养学生的政治素养。教师应引导学生运用所学知识，对政治现象进行客观、全面的分析，培养学生独立思考和判断的能力，形成正确的政治观点和价值观。第三，加强爱国主义教育活动，让学生亲身感受祖国的伟大和民族的尊严，激发学生的国家意识和民族自豪感。第四，建立有效的反馈和评估机制。教师对实践活动的设计、组织、实施等各个环节进行定期评估，收集学生和教师的反馈意见，及时发现问题并进行改进。同时，教师需要持续关注学生的政治认同素养培养情况，及时调整和完善社会实践设计，帮助学生在社会实践中不断提高自己的政治素养和综合能力。

案 例 1

看乡村振兴，促共同富裕的社会实践活动方案
——以"奉贤区吴房村"为例

上海市奉贤区肖塘中学　黄河双

一、学科知识链接

1.改革开放是当代中国最鲜明的特色；我国社会主要矛盾已转化为人民日益增长的美好生活需要和不平衡不充分的发展之间的矛盾（统编版教材《道德与法治》九年级上册第一单元《富强与创新》第一课《踏上强国之路》第二框"走向共同富裕"第一目"改革进行时"）。

2.党和政府坚持以人民为中心的发展思想；人民对美好生活的向往，就是党的奋斗目标（统编版教材《道德与法治》九年级上册第一单元《富

强与创新》第一课《踏上强国之路》第二框"走向共同富裕"第二目"共享发展成果"）。

二、活动目标

1.通过查阅资料和实地走访，了解奉贤区吴房村的发展故事，了解吴房村在乡村振兴战略实施过程中采取的具体措施和取得的发展成果；了解共产党员在吴房村的发展中起到的引领和推动作用，感悟党和政府始终坚持以人民为中心、共享发展成果以促进共同富裕的情怀。

2.通过课前调查、实地走访等活动，不断提升观察、分析、解决问题的能力和人际交往的能力。

3.通过了解吴房村的发展，感悟乡村振兴战略给吴房村带来的巨大改变，激发爱国爱党热情，树立努力学习为促进乡村振兴、实现共同富裕的远大理想。

三、活动实施条件

1.吴房村的社会实践资源优势：吴房村是本区域内实现乡村振兴和共同富裕目标的良好样本，在社会上具有一定的知名度，有利于学生通过走近身边的乡村振兴实例，感悟共同富裕在吴房村的生动实践。

2.学情分析：九年级学生已经具备一定的对社会现象进行分析、解读的思维能力，他们对于社会实践有着非常浓厚的学习兴趣和参与热情，对实际生活中出现的一些突发状况有一定的应对能力。

四、过程与要求

（一）活动准备阶段

1.活动对象：九年级学生。

2.活动时长：16课时左右。

3.活动地点：奉贤区吴房村。

4.活动准备。

学生准备：

（1）通过网上检索，初步收集吴房村的相关资料，了解乡村振兴战略的内容，并根据教师提供的社会实践活动评价表的要求，提前确定社会实践活动内容。

（2）阅读教材，梳理核心知识，并形成知识结构体系。

（3）提前分组，确定成员的分工与职责，并对活动过程提前做好预设和出行准备。

教师准备：

（1）提前与吴房村相关联系人进行接洽，明确社会实践活动的时间安排、场地要求、组织分配、人际互动要求等。

（2）制订社会实践活动评价表，引导学生按照评价表内容开展社会实践，明确社会实践活动的安全要求、人际互动要求等各项注意事项。

（3）根据学生能力等情况指导学生进行合理分组，引导学生做好分工和材料收集。

（4）在校内搭建学生实践活动的最终展示平台，如制作背景PPT、设计好教室布置场景、邀请相关人员到场观摩等。

5.活动步骤：前期活动准备—实地开展社会实践活动—后期整理—学生成果展示。

（二）方案实施阶段

1.社会实践前。

（1）"乡村振兴，我知道"展示交流活动。学生根据课前资料收集的成果，分小组介绍我国实施乡村振兴战略的内容及具体成果，教师适当做过程性评价。

（2）教师提出问题："吴房村即将参加新一轮的全国乡村振兴示范村复评，作为村民代表，你将如何向来访的评委人员介绍吴房村？"

（3）学生在教师指导下完成小组分工与任务安排。

（4）教师宣布"实地考察注意事项"。第一，参与社会实践活动时，要衣着得体，言行得当，注意文明礼仪，展现新时代中学生的良好风范。第二，与村民交流的时候，注意保护村民隐私，尊重村民意志，在未征得同意的情况下，不可以随意拍照、录像、录音等；考察吴房村相关产业发展时，不随意窥探敏感信息，尊重知识产权。第三，在整个参观过程中，及时做好各项记录，并能与接待人员积极交流，以掌握更多的有效信息。

2.社会实践中。

实地走访奉贤区吴房村，采访相关人员，并做好过程记录。具体内容如下：2017年，党的十九大提出"实施乡村振兴战略"。2018年，党中央一号文件发布，对实施乡村振兴战略进行了全面部署。在这一背景下，吴房村新上任的村党支部书记秦瑛带领全村居民积极响应政策，进行全村改造。她带领党员干部们挨家挨户上门劝说，甚至把家安在了办公室，每天接待来访村民，妥善处理村民反映的问题。村委会召开村民大会，商讨土地流转、农民增收、全村综合治理等事宜。经过讨论，大家都认为要改善村里的环境，以优美的村容村貌吸引游客，为村里创收。2018年，吴房村入选示范村以后，村委会带领村民继续发展黄桃产业，同时又引入了农文旅、亲子研学、智能制造、医疗康养等领域的企业，推出了一系列"网红"产品。如今的吴房村已经脱胎换骨，成为有名的"网红村"，进一步朝着共同富裕的方向稳步前进。

（三）后期整理阶段

学生阅读教材相关内容，针对实地走访记录的结果进行后期整理，并能综合运用所学内容进行交流展示。具体内容包括：

1.聆听教师讲解交流展示活动的评价标准。

2.将本组搜集的各类资料进行分类整理，总结出吴房村在乡村振兴方面的具体情况，并结合所学内容撰写文字介绍稿。

3.根据文字稿内容，制作讲解PPT，并适当运用视频、音频、图片等资料。

4.每小组推选2位发言人，做好发言准备，发言时间控制在5分钟内。

"吴房村的逆袭"交流活动小组评价表

评价项目	评价标准	最佳展示团
交流内容	1.有效运用学科核心知识	
	2.聚焦吴房村在实施乡村振兴战略中的一个方面	
交流表现	1.以村民身份进行讲解,声音洪亮,精神饱满	
	2.能在规定时间内(5分钟)完成	

（四）学生展示阶段

教师带领学生在教室内进行展示交流。具体流程如下：

1.在教师引导下，学生以村民代表的身份，分小组进行展示交流。

2.邀请吴房村村委会相关人员现场点评，并进行"最佳展示团"颁奖。

3.教师做社会实践活动总结，引导学生理解并认同国家乡村振兴战略的意义，懂得共享发展成果、走向共同富裕的价值。

五、评价方法与标准

本次社会实践活动主要进行过程性评价。学生针对自己在社会实践活动中和后期整理活动中的具体表现进行自评。自评内容将作为学期末日常考核评价中学习表现和学习能力板块的自评依据。

"吴房村的逆袭"社会实践活动自评表

组别：_____　　组员：_____

自评主题	自评内容	A	B	C
实践情况	1.认真完成记录内容和资料收集			
	2.走访中,注意与村民的互动,文明有礼			
合作情况	1.在小组中能分工、会合作,职责明确			
	2.后期整理过程中,能积极、主动参与			
自我评价				

（在自评表"A、B、C"三个等级中选择一个并打"√"。）

六、小结

本次社会实践活动走进全国乡村振兴示范村——奉贤区吴房村，引导学生按小组进行社会实践和调查研究，整理和记录搜集到的信息内容，最终进行"吴房村的逆袭"交流展示活动。吴房村作为本区域内有一定知名度的美丽乡村，对学生理解"共享发展成果"与"走向共同富裕"等教材内容具有重要的现实意义。

为提升本次社会实践活动的实效，整个社会实践活动方案在设计和实施中，突出了以下几点：

一是融入项目化学习理念，创设驱动性问题，激发学生参与积极性。

二是在实地走访和交流展示活动中，注重现场氛围的营造，带领学生走入真实场景，注重学生体验、感悟乡村振兴在吴房村的真实实践。

三是注重过程性评价，强化学生自评意识，提高学生参与活动积极性。

四是引导学生综合运用教材内容，学会理论联系实际，并在活动中增强人际交往能力、问题解决能力和学科表达能力。

这次社会实践活动，通过创设驱动性问题，进一步增强了学生对乡村振兴战略的认同感，提升了其对党和政府坚持以人民为中心的发展思想的认识，明确共同富裕是实现社会主义现代化的关键目标，提升了学生政治认同核心素养。

乡土文化保护与传承的社会实践活动方案
——以"奉贤博物馆"为例

上海市奉贤区尚同中学　蒋佳蕾

一、学科知识链接

1.坚定文化自信（统编版教材《道德与法治》九年级上册第三单元《文明与家园》第五课《守望精神家园》第一框"延续文化血脉"）。

2.高扬民族精神，践行社会主义核心价值观（统编版教材《道德与法治》九年级上册第三单元《文明与家园》第五课《守望精神家园》第二框"凝聚价值追求"；统编版教材《道德与法治》八年级上册第一单元《走进社会生活》第一课《丰富的社会生活》第二框"在社会中成长"；统编版教材《道德与法治》八年级上册第四单元《维护国家利益》第十课《建设美好祖国》第二框"天下兴亡　匹夫有责"）。

3.做自信的中国人（统编版教材《道德与法治》九年级上册第四单元《和谐与梦想》第八课《中国人　中国梦》第二框"共圆中国梦"）。

二、活动目标

1.通过参观考察，了解乡土文化，知道文化是一个国家、一个民族的灵魂，增强热爱中华文化的意识。

2.通过考察性小组活动，提升搜集信息、处理信息、独立思考以及团队合作的能力。

3.通过宣讲解说，加深对中华文化的认识，感受多样文化的魅力，增强文化自信，形成对中华文化的认同感，自觉保护和传承乡土文化，进而激发以爱国主义为核心的民族精神，自觉践行社会主义核心价值观，加强个人的政治认同。

三、活动实施条件

本次社会实践活动借助区域资源"奉贤博物馆"提供的考察条件，通过自主考察、宣讲解说等活动帮助学生了解保护与传承乡土文化的重要意义，进一步引发学生对中华文化、文化自信内涵的思考。借助区域资源既有助于学生体验真实情境，也更有助于学生利用教材知识解决实际问题。

四、过程与要求

（一）活动准备阶段

1.活动对象：九年级学生。

2.活动时间：3周。

3.所需材料：记录表，拍摄设备等。

4.活动准备。

（1）分组分工。学生以6—8人为一组，以奉贤博物馆历史厅、海塘厅、数字展馆三个展厅为考察目标，各小组明确分工，具体包括前期资料的收集整理与修改、文本撰写、拍摄、剪辑等；全员参与解说，按照宣讲解说材料分配对应解说内容。

（2）资料汇总留存。各组组长负责收齐成员记录表、考察照片，作为评价材料。各小组宣讲解说材料需包含文档或PPT以及宣讲视频等。

（3）评价方案设计。教师制作评分表格、评优方案，设置自评、互评、师评等评价方式，选出优胜组并进行表彰。

（二）方案实施阶段

1.参观考察。

第一周，各个小组进行实地参观考察，可借助奉贤博物馆官网或微信公众号等平台检索资料，并通过文字记录、拍照留档等方式收集材料。必要时可以和馆内工作人员取得联系，解决参观过程中的疑问。

参观考察结束后，小组分工，进行资料整理，选出最适用于宣讲解说的信息，结合学科内容，整合出宣讲解说文档，并制作成PPT，为下阶段任务做准备。

（1）"历史厅"考察活动参考。本环节学生可以采取实地考察、查阅资料、调查访谈的方式，通过搜集具有代表性的人文故事、历史物件，对奉贤发展史，尤其是人文精神、传统文化发展的部分进行系统的整理，包括但不限于奉贤的贤人贤事以及抗倭战争等内容。

通过了解奉贤的传统文化，还原"古"奉贤面貌，与"今"奉贤进行对比，感受奉贤文化的魅力，激发学生对乡土文化的认可与热爱。让学生感知中华文化源远流长、博大精深的特点，以乡土文化为基础，增强学生热爱传统文化、热爱家乡的情感。同时，通过贤人贤事和抗倭战争等内容，学生感受贤人所传递出的伟大民族精神，自觉弘扬和践行社会主义核心价值观这一涵养自中华文化的最深层内核。

（2）"海塘厅"考察活动参考。"海塘厅"是重点考察对象，其展现奉贤沿海劳动人民为抵御风雨侵袭，保护生命财产安全，从而发扬民族智慧、实干精神，积极参与修筑海塘，不断提升修筑技术，并通过海塘的修筑推动奉贤及更广泛区域的社会、经济等方面发展的相关内容。

学生在实地考察的基础上，拓宽考察范围，查阅并整理不同地区有关"海塘文化"的信息资讯，尤其要着重呈现各地"海塘文化"的共性部分。基于共性部分，发掘劳动人民为保护、传承和推崇"海塘文化"而作出的努力，从"文化是一个国家、一个民族的灵魂"的角度进一步思考保护和传承乡土文化的必要性。

（3）"数字展馆"考察活动参考。通过实地参观临展厅、线上参观虚拟展厅的方式，学生搜集相应资料，感受多样传统文化的魅力。同时体验装置、影像等当代艺术手段对文化的时代性、创新性拓展，增强保护和传承中华文化的意识，坚守中华文化立场，传承中华文化基因，坚定文化自信，展现中国风貌。

2.宣讲解说。

第二周，各组将搜集到的资料进行整合，在获得奉贤博物馆许可后，进行实地宣讲解说录制活动。各组可以根据搜集材料的情况确定宣讲解说内容，内容必须包含上述三个展厅，且重点要突出"海塘厅"的相关内容。

（三）交流总结阶段

第三周，各组结合实践过程中收集到的资料，汇总形成一份总结报告并制作PPT在课堂上进行展示、交流；展示宣讲解说视频，每组展示时长控制在15分钟左右。最后由各小组成员选出最佳宣传解说视频。

五、评价方法与标准

本次社会实践采用了过程性记录和总结性评价。

1.过程性记录。

社会实践记录表

班级：	姓名：	活动日期：	组别：
活动地点：			
探究主题：			
活动流程：	宣讲解说重点内容记录：		
实践感悟：			
	日期：_____年_____月_____日		

2.总结性评价。

社会实践评价表

评价内容1	分值	自评	他评
★能够有序参与活动,严格遵守实践地点的活动要求	5		
★能够明确分工,积极完成分配任务	10		
★能够围绕探究主题,结合学科内容进行材料整理	10		
★能够主动分享个人意见,有效推动小组社会实践活动开展	10		
★能够主动参与宣传解说,表现力突出	10		
★能够通过本次活动,提升对乡土文化的了解与认可	10		
★能够认真填写"社会实践记录表",并且很好地表达参与社会实践活动的感受	20		
★能够积极参与活动总结报告的撰写	20		
突出表现:	5		
	得分		

评价内容2	分值	教师评价
★遵守活动秩序,态度积极主动	10	
★紧紧围绕社会实践探究主题完成相关任务,承担相应职责	20	
★参与度高,在整理资料、录制视频、撰写报告等阶段表现突出	30	
★"社会实践记录表"填写认真,内容清晰	20	
★个人成果丰富	20	
	得分	

自评等级:	他评等级:	教师评价等级:	总评:

(注:自评占40%,他评占40%,教师评价占20%。95分及以上为A+;90—94分为A;80—89分为A-;70—79分为B;60—69分为C;低于60分为D)

六、小结

本次实践活动借助了本区域资源——奉贤博物馆进行活动设计。奉贤博物馆作为涵盖了乡土文化的优秀文化资源，为学生参与社会实践，感受乡土文化、中华文化提供了契机。鉴于大多数学生有过游览奉贤博物馆的经历，因此开展此次社会实践活动，有助于学生深入了解乡土文化，从奉贤发展历史和现有馆内馆外文物资源中考察奉贤文化，以"海塘文化"为参考增强对乡土文化的保护与传承意识。同时，基于信息化时代的发展优势，对资源的深度挖掘还可以借助线上资源，培养学生检索、搜集、整合信息的能力。总结性作业的生成过程能引发学生对文化传承与保护更深的思考和更强的共鸣，使这次社会实践更加有意义。

在整个社会实践活动过程中，学生通过参加参观考察、宣讲解说，提升了搜集资料、文本撰写、表达交流、小组合作能力，增强了对乡土文化的认同感、自信感、自豪感，为培育政治认同，形成正确的世界观、人生观、价值观奠定基础。

案例 3

探寻浦秀之变，共筑生命家园的社会实践活动方案

上海市奉贤区崇实中学　潘之妍

一、学科知识链接

坚持人与自然和谐共生；坚持绿色发展道路（统编版教材《道德与法治》九年级上册第三单元《文明与家园》第六课《建设美丽中国》第二框"共筑生命家园"）。

二、活动目标

1.通过查阅资料，了解"浦秀村转型发展之路"中真实问题的解决，明确人与自然之间的关系以及人与自然和谐共生的实现路径，理解经济发展与生态环境保护之间的关系。

2.通过研究性学习活动，提升收集和处理信息的能力，独立思考的能力以及人际交往的能力。

3.通过小课题研究，磨炼知难而进的意志品质，强化团队合作意识，增强社会责任感，养成追求真理的科学精神，认同人与自然和谐共生的理念，能积极主动参与生态文明建设和美丽中国建设。

三、活动实施条件

本次社会实践活动结合了浦秀村发展方式的变革，引导学生通过参观学习，了解经济发展与生态环境保护之间的关系，归纳总结出浦秀村走绿色发展道路的具体举措，从而认同人与自然和谐共生的理念，积极主动参与生态文明建设和美丽中国建设。借助本土资源有助于学生更便利地开展本次社会实践活动，也更有助于学生理解教材知识内容。

四、过程与要求

（一）活动准备阶段

1.活动对象：九年级学生。

2.活动时间：2周。

3.活动地点：奉贤区浦秀村。

4.活动准备。

（1）学生自主分组，收集浦秀村的相关资料，根据分组情况，制作一份访谈提纲。

（2）教师提前与村委会工作人员联系，安排学生进行实地参观、调研考察以及访谈活动。

（3）教师制订各项评比的标准，确定优秀调查成果展示方案、优秀调查小组奖励方案。

5.探究专题。

（1）浦秀村是如何实现人与自然和谐发展的。

（2）浦秀村是如何走好绿色发展道路的。

（3）浦秀村是如何坚持以新发展理念进行经济发展方式转变的。

（二）方案实施阶段

1.分组分工。

查阅资料了解浦秀村紧紧围绕乡村振兴的总要求，以"浦秀村是如何实现人与自然和谐发展的""浦秀村是如何走好绿色发展道路的""浦秀村是如何坚持以新发展理念进行经济发展方式转变的"这三个角度分组进行实践活动。在分组过程中要确保每一位同学都能参与到活动中并发挥自己的作用，使学生有参与感。各组通过民主推荐产生每个小组的负责人，负责协调本组的活动。

2.参观学习。

在村委会工作人员的带领讲解下，第一小组进入浦秀村村史馆进行参观学习，在参观过程中，用笔记本或电子设备记录下印象深刻的一件事或一个物件。

浦秀村村史馆里的每一件物品，都承载着浦秀村的文化记忆，展现着浦秀村乡土文化和民俗风情的独特底蕴。上海市奉贤区庄行镇浦秀村浦灵路331号原本是华欣牧场所在地。该牧场于1988年建立，曾是庄行镇最大的生猪规模养殖基地，村里"万家富"工程的楷模，但由于环境污染严重，该牧场成为黄浦江水源地的隐患，后按相关规定整治关停。

小组成员通过参观学习的方式，对比浦秀村今昔致富之路，形成一份调查报告，理解浦秀村是如何实现人与自然和谐发展的。

3.调查访谈。

第二小组根据本小组实际需求进行实地调查并对村民进行访谈，在此过程中需要使用电子设备全程记录访谈过程，并在访谈结束后尽快整理出文字稿以便小组进行总结时使用。

采访提纲
1.养猪场关停对周边居民生活的影响
2.养猪场关停后,村里环境是否发生了变化,如果是,发生了哪些变化
3.作为村民你对养猪场关停有什么看法

小组成员:你好,听说阿公您是当初华欣养猪场的老员工了,那养猪场关停以后,对您的生活有影响吗?

村民:刚开始也有担心,养猪场关了,是不是收入就断了,好在村党支部书记找到了我说,村里正在推动用好农村土地,做强村级合作社,打响庄行大米和浦秀黄桃的品牌,而且还能增收。村里还在搞合作制改革。承包经营权还是自己家的,把这些地委托给村委会,然后村委会再把这些土地流转到合作社,搞规模化经营。这些流转费村里每年按时足量地发给我们,生活过得还是不错的。

小组成员:那养猪场关停以后,村里的环境有没有变化呢?

村民:之前养猪场那味道可臭了,再加上污水排放到村里的小河,河水都黑黑的,这些小河可都是黄浦江的支流,影响可不小啊。现在可就不一样了,你看看我们的环境,天蓝水清的,人家可都羡慕着呢!

小组成员通过与村民的访谈,完成调查报告,了解浦秀村是如何走好绿色发展之路的。

4.实地考察。

第三小组实地调查浦秀村如今的生态环境以及产业发展情况,用电子设备记录考察过程中的发现,并在考察结束后加以整理、汇总。

黄浦江南岸庄行农艺公园区域,是三园(院)一总部的建筑之一,也是农艺公园建设系列中第一个建筑。该项目的建设可谓实现了"三丰收"。一是经济效益,在缴纳村委会约10万元/年土地租金的基础上,项目税收"颗粒归仓"反哺村集体经济组织,促进农民增收。二是社会效益,进一步带动其他总部纷纷入驻,如东原、英科、强琪等优质企业先后入驻。三是示范效应,作为首批建成的三园(院)一总部项目,在全镇乃至全区起了良好的带头作用，直观展现了三园（院）一总部建设成效，焕发农村活力，引进新人才，走出了一条庄行特色的乡村振兴之路。在庄行农艺公园里还建设了一家可以容纳95人的一体化"青春里"养老社区，2021年3月26日正式运营，集生活、休闲、康养于一体。村里老人可以实现"住得近、住得起、住得惯"的家门口幸福养老。

小组成员通过实际考察，了解浦秀村是如何坚持以新发展理念进行经济发展方式转变的。

（三）交流总结阶段

实践活动结束后，各小组进行资料的整理、汇总，形成一份调查报告并在课堂上进行展示、交流。

五、评价方法与标准

本次社会实践活动评价分为两个部分。

1.过程性评价。

每一位小组成员在活动过程中记录活动内容、描述个人在活动中的表现，并在社会实践完成后进行自评、互评和组长评。

评价共分为A、B、C三个等级。其中，A为优秀，在团队中表现突出；B为良好，在团队中无突出表现，但可以按时完成自己的任务；C为不合格，需努力。每个团队中，A级占比15%，B级占比70%，C级占比15%。

2.每一位小组长在活动过程中进行小组合作实践评价表记录。

小组合作实践评价表

评价指标	等级			
	优	良	中	差
1.小组内有共同的目标,整体态度积极,参与性强				
2.小组讨论现场气氛热烈,合作友善				
3.小组成员分工明确,各尽其能				

评价指标	等级			
	优	良	中	差
4.每次讨论前都对讨论主题做过相关准备				
5.每个成员每次都能参与小组讨论和相关活动				
6.每次讨论时大家都能积极表达自己的见解				
7.每个人表达建议时都能做到紧扣讨论主题,排除干扰,坚持己见				
8.组织讨论快速高效,在合作过程中拥有敢于决断的能力				
9.小组成员进行有效交流对话,善于听取他人的意见				
10.讨论最终达成共识,建设性地解决问题				

六、小结

本次实践活动借助了本土资源——庄行镇浦秀村进行活动设计。通过探究庄行镇浦秀村的发展蜕变之路,探讨浦秀村如何转变昔日以破坏环境为代价换取一时经济发展的模式,让学生在与情境的持续互动中理解知识,学会综合运用所学知识分析、解释、解决生活中的实际问题,在探究过程中提高心理和道德水平,增强对自己家乡的认同感和自豪感。

在整个活动过程中,学生不仅提高了小组合作的能力,学会用科学的方法进行社会调查和资料整合,也认识到只有在调查研究的基础上得出的结论才具有一定的科学性。

案例 4

弘吴越文化，扬至德精神，践文化之旅，
延文化血脉的社会实践活动方案

江苏省无锡市梅里中学　任鑫雨

一、学科知识链接

1.中华文化的特点、内容、重要性；文化自信的内涵及重要性；中华传统美德的特点及重要性（统编版教材《道德与法治》九年级上册第三单元《文明与家园》第五课《守望精神家园》第一框"延续文化血脉"）。

2.中华民族精神的内涵和品格；传承和弘扬民族精神（统编版教材《道德与法治》九年级上册第三单元《文明与家园》第五课《守望精神家园》第二框"凝聚价值追求"）。

二、活动目标

1.通过学习实例，感受中华文化的力量，明确中华文化和中华传统美德的特点及价值，增强对中华文化的认同感、归属感和民族自豪感。

2.通过研究性学习活动，提高对中华文化的认知和运用能力，提高辩证认识文化现象的能力。

3.通过文化研学活动，培育道德修养，实现从感性体验到理性认知的过程，以实际行动自觉传承中华民族传统美德，弘扬民族精神和时代精神，增进中华民族价值认同和文化自信。

三、活动实施条件

本次社会实践活动结合本土资源——异彩纷呈的吴文化，让学生通过在吴文化的发祥地梅里古都的探究实践活动，了解中华文明的重要组成部分"吴文化"，讲好三千多年前泰伯奔吴的故事，引导学生感受中华文化

的源远流长、博大精深，体会泰伯的至德精神，引发学生思考至贤的深刻意蕴，自觉弘扬中华文化和中华传统美德，提振文化自信。借助本土资源方便师生开展社会实践活动，增强学生的文化认同，也有助于培养学生从行中学的自觉意识。

四、过程与要求

（一）活动准备阶段

1.活动对象：九年级学生。

2.活动时间：2周。

3.活动地点：梅里遗址博物馆、泰伯尚德倡廉教育基地、泰伯庙。

4.活动准备。

（1）学生分三个小组，通过教师引领在网上进行初步检索，收集吴越文化的相关资料。

（2）教师提前与活动地点的负责人联系，组织学生进行实地参观活动。

（3）教师准备并完善各项评比标准。

（二）方案实施阶段

1.分组分工。

分组及分工过程中应确保每一位同学都能够切身地参与文化之旅，同时通过民主推荐的方式选出各组负责人，以配合教师和工作人员，并协调小组活动。

2.调查访谈。

学生根据学习任务分配和需求，自主决定是否需要提前撰写访谈提纲对相关单位的负责人进行个别访谈，如果需要进行调查访谈，需全程做好拍摄和记录，并及时在小组内整理总结。

（1）第一小组同学可以采用先查阅资料、再了解历史文化故事的方式结合实地调研，感受梅里遗址博物馆为泰伯奔吴等文献记载和历史传说所提供的前所未有的考古研究线索，本组要侧重从考古学的角度及各种出土器物去证明梅里古都是吴文化的发源地和核心区域，且梅里遗址博物馆的建成，对继承和弘扬吴文化，具有非常重要的现实意义和深远的历史意义。

（2）第二小组同学从宏观文化走向微观人物故事，前往泰伯庙深入了解"三让王"泰伯的故事，明确孔子口中所称颂的至德之人，让泰伯奔吴不再只是个历史传说，通过突出传统文化素材的经典性，传承中华优秀传统文化。

（3）第三小组同学前往泰伯尚德倡廉教育基地，侧重于对泰伯本人至德精神具体层面的探索，参观的全体成员要在充分了解泰伯生平事迹的基础上，对泰伯礼让、仁孝、清廉、守信的高贵品质，开拓进取、躬耕为民的至德精神有更进一步的理解，达到凝聚价值追求的目的。

（三）交流总结阶段

实践活动结束后，各小组进行资料的整理，汇总形成一份总结报告并制作PPT在课堂上进行展示、交流；同时，个人实践感悟及对人物故事的转化与思考也作为评价的标准之一。

五、评价方法与标准

本次社会实践活动评价分为两个部分。

1.过程性评价。

每一位小组成员在活动过程中记录活动内容、描述个人在活动中的表现，并在社会实践完成后进行自评、互评和组长评。

评价共分为A、B、C三个等级。其中，A为优秀，在团队中表现突出；B为良好，在团队中无突出表现，但可以按时完成自己的任务；C为不合格，需努力。每个团队中，A级占比15%，B级占比70%，C级占比15%。

2.总结性评价。

在小组学生完成PPT或报告的展示交流后，每一位成员就本次社会实践活动的调查结果结合本土文化的传承与发展谈感想。具体要求：

（1）能有效整合三个小组的交流内容，结合教材知识点对整体的调查内容进行有效点评。

（2）能将活动内容升华至对中华优秀传统文化和中华传统美德的认同与自信，并结合自己的文化感悟谈如何传承和弘扬中华优秀传统文化和中华传统美德。

（3）能够讲好至德人物泰伯的故事，通过讲故事产生对历史文化的兴趣，并能由此提升对中华传统美德和至德精神的理解，甚至可以自觉宣传相关的文化故事。

六、小结

本次实践活动借助了学校所在地梅村的本土文化资源，围绕博物馆等资源和著名历史人物故事展开活动设计。

党的二十大报告指出，"以社会主义核心价值观为引领，发展社会主义先进文化，弘扬革命文化，传承中华优秀传统文化，满足人民日益增长的精神文化需求，巩固全党全国各族人民团结奋斗的共同思想基础，不断提升国家文化软实力和中华文化影响力。"另外，教育部颁布的《中华优秀传统文化进中小学课程教材指南》中明确了这一意义，中华优秀传统文化进中小学课程教材，是强化中华优秀传统文化铸魂育人功能，落实以中华优秀传统文化涵养社会主义核心价值观，实现中华优秀传统文化传承发展系统化、长效化、制度化的重要举措。梅里文化、泰伯历史，都是孕育梅村这一方水土的精神家园，近年来新吴区深入挖掘吴文化的内涵和外延，举办"吴文化节"、建设"吴文化博物馆"，从文化搭台经济唱戏，到坚定文化自信，大力弘扬中华传统文化，不断在擦亮"吴文化"发祥地的这块金字招牌上下功夫。开展这次社会实践活动给学生提供了一个难得的机会，引领学生从本土资源出发，切身体会中华文化的特点，感受中华优秀传统文化和中华传统美德的力量，进而坚定文化自信，同时也使中华优秀传统文化的核心思想理念、中华人文精神、中华传统美德等贯穿教育实践活动的全过程。

借助本区域资源开展社会实践活动，不论是活动地点还是活动时间的确定都比较方便。对于生活在梅村的学生而言，虽然他们从小耳濡目染，接受了很多关于至德、至圣、至贤的文化熏陶，但缺少系统化的、以实践为导向的文化实践活动。因此，通过社会实践活动，不仅可以帮助学生在理性层面构建对中华优秀传统文化和传统美德的特点及重要性的正确认知，而且还能让学生在历史文化故事中反省自身，并逐渐增强文化自信、提升人格修养，使这次社会实践活动开展得更有意义。

活动的开展是为了承载教学，结合教材知识可以发现《守望精神家园》这一课，意在培养学生对中华文化的认同感，而选择梅里遗址博物馆、泰伯尚德倡廉教育基地、泰伯庙等地方开展实践教学旨在增进学生对吴越文化的了解，让学生在参观的过程中增进对中华文化的形成、内容、特点的认识，深入学习中华优秀传统文化和中华传统美德能够薪火相传的原因，增强文化自信，提振文化自信心。从宏观角度来看，认真弘扬中华优秀传统文化，领略其魅力，不断增强文化自信，有利于为实现中华民族伟大复兴提供源源不断的动力。本次活动设计与课程内容环环相扣，起到了在活动中育人的作用。

案例 5

探究"全过程人民民主"的社会实践活动方案
——以"走近人大代表了解人大制度"为例

上海市市北初级中学　孙莹

一、学科知识链接

1.人民当家作主（统编版教材《道德与法治》八年级下册第三单元《人民当家作主》第五课《我国的政治和经济制度》第一框"根本政治制度"、第六课《我国国家机构》第一框"国家权力机关"）。

2.参与民主生活（统编版教材《道德与法治》九年级上册第二单元《民主与法治》第三课《追求民主价值》）。

二、活动目标

1.通过查阅资料，结合《中华人民共和国家庭教育促进法》的立法过程，进一步理解人民代表大会制度与人民代表大会的关系，明确人大的性质与职权；知道人民代表大会是人民行使国家权力的机关，从而更加真切地认识到，我国是人民民主专政的社会主义国家，坚持以人民为中心的发展思想，发展全过程人民民主，因此要深化对依法治国和依宪治国的认识，培养法治思维，增强法治意识。

2.通过小组合作和研究性学习活动，撰写采访提纲，体验人大代表履职，了解参与政治生活的方式，进一步关心社会，自觉提高政治核心素养，感受全过程人民民主，增强制度自信，提升主人翁意识，厚植家国情怀，培养以实现中华民族伟大复兴为己任的使命感，为未来参与政治生活提供坚实的学理基础。

3.通过小组合作进行社会实践活动，在活动中体验探究的乐趣，锻炼表达能力，培养合作意识和人际交往的能力，增强独立思考的能力和运用所学知识解决问题的能力，促进学习自主性和调控性的提高，实现学科知识技能的学习和核心素养的培育。

三、活动实施条件

本次社会实践活动结合本地"人大代表之家"工作站及人大代表工作的实际，让学生通过实践活动了解人大代表的职责、权利与义务，直观地认识人民代表大会制度。借助区域资源既有助于学生便利地开展本次社会实践活动，也有助于学生将理论联系实践，把所学知识运用到实际中，丰富政治体验，增强对全过程人民民主的政治认同。

四、过程与要求

（一）活动准备阶段

1.活动对象：八年级学生。

2.活动时间：2周。

3.活动准备。

（1）教师通过课前问卷，调查学生对人大代表、人民代表大会制度的了解情况，将学生分成三个小组进行本次社会实践探究活动。

（2）学生根据分组及活动场所的不同，与相关负责同志联系，进行实地参观、访谈活动。如有预约需要，可寻求学校老师或家长的帮助。

（3）学生通过网上检索和教师下发的资料，了解中学生参政议政的事例；初步了解采访对象的背景资料，列出采访提纲。

（4）教师准备各项评比的标准，制订"优秀小记者"和"优秀实践小组"等的奖励方案。

4.探究专题：走近人大代表，了解人大制度。

（二）方案实施阶段

1.分组分工。

教师分享有关《中华人民共和国家庭教育促进法》立法过程的材料，引导学生结合课前搜集的资料，分组运用结构图解释立法过程，理解人大、人大制度和人民当家作主的关系，学习人大的性质与职权等教材内容，在实践中感悟全过程人民民主保障人民当家作主。

学生通过检索资料和分享交流，深刻认识到人民代表大会制度是坚持党的领导、人民当家作主、依法治国有机统一的根本政治制度安排。结合"人大之家"站点建设和人大代表履职经历，学生将通过实践探究人大代表是如何履行职责的。在实践过程中要充分发挥每位同学的力量，使每个人都有切实的参与感。各小组民主选举产生小组负责人，协调落实各小组实践活动。

2.调查访谈。

在规定时间内，各小组根据实际需求进行实地调查访谈，并在此过程中采取文字记录、拍照或视频录制等方式进行资料的收集。在访谈结束后尽快整理出相关资料，为后续小组汇报使用做好准备。

（1）第一小组同学可采用实地参观街道"人大代表之家"工作站的方式，了解"人大代表之家"的建设和人大代表的工作。从人大代表在"人大代表之家"接待选民"面对面"解决问题的过程中，感受人大代表以实际行动践行"人民选我当代表，我当代表为人民"的庄严承诺，探索群众参与基层治理的机制和途径。

（2）第二小组同学可采用实地访谈的方式进行有针对性的实践活动。本组可从身边人大代表履职经历的角度进行探索。本组采访的对象为身处教育行业的人大代表，在采访中要了解他们作为人大代表的履职经历，聆听他们的心声。探究教育行业的人大代表在履行代表职责中，是如何为实现"办人民满意教育"的目标而发挥人大代表主体作用的，让同学们直观地了解人大代表的职责，切身感受到为人民服务的榜样就在身边。

（3）第三小组同学可采用实地访谈的方式进行有针对性的实践活动。本组可从身边人大代表履职经历的角度进行探索。本组采访的对象为身处非教育行业的人大代表，通过采访了解他们的履职经历，聆听他们的心声。探究人大代表是如何诠释听民声、访民意、干实事，为群众发声，解决群众困难的，感受人大代表的责任与担当。

采访问题（参考）：

请问您是怎么被选为人大代表的呢？

在履职过程中，给您留下的印象最深刻的事情是什么呢？

请问您担任人大代表前后，自己最大的改变是什么？

国家为让人大代表更好地履职，出台了哪些政策保障呢？

您作为xx，平时工作肯定很忙，请问您是如何平衡本职工作和人大代表工作的呢？

……

（三）交流总结阶段

实践活动结束后，各小组根据整理总结、收集的资料和问答记录完成小组报告，可采取总结文档、PPT或视频等多种形式进行成果展示。在课堂上，通过成果展评，学生回顾、梳理实践活动，分享、交流参与此次社会实践活动的感受与想法。同时，学生和教师一起反思实践活动过程，展望全过程人民民主建设的美好愿景，在实践中不断提高公民意识与政治认同核心素养。

五、评价方法与标准

本次社会实践活动强调全过程评价，不仅要评价最终的实践成果，还需要将过程性评价贯穿于整个活动过程，以指引学生进行正确的思考和探索，在发现问题和解决问题的过程中，促进学生综合能力的发展。在进行实践活动评价时应充分考虑到参与主体的多元性，通过自评、互评和师评等多种方式，根据各小组的合作交流和实践成果，运用统一的评价量表，在各实践活动小组内部以及小组间进行交流与评价，评选出"优秀小记者"和"优秀实践小组"等。因此，在实践活动开展之初，教师设计了小组合作评价表和实践成果展示评价表，设想通过全过程的、具体的、可操作性的评价指标来为实践活动的开展提供有效的保障和引导，发挥评价对教师教学过程指导、学生自我反思与调整的作用，激发学生的学习兴趣，提高自主探究能力和团队合作能力。通过评价，大家相互学习，取长补短，促进对知识的理解，从而获得更深层次的感悟。教师作为"领航人"，要充分关注学生真实的学习过程，有意识地观察学生在实践活动中的具体表现，并深入各项目小组，对小组进行有针对性的指导，以帮助各小组社会实践活动有序地开展。在实践活动开展的过程中，将评价融入多种活动中，搭建平台促进学生发展，多方式、多维度、多角色地帮助学生潜能的开发与释放，引领学生学会合作、学会思考、学会学习，为学生的终身发展筑牢德育根基。

小组合作评价表

评价指标	评价标准	评分			
		自评（30%）	组长评（30%）	师评（40%）	总分
参与意识	参与到实践活动的全过程（10分）				
	参与到大部分实践活动中（7—9分）				
	参与少量实践活动（4—6分）				
	未参与实践活动（1—3分）				
问题解决素养	能充分围绕实践探究主题，发现问题并协助找出解决问题的方法（10分）				
	能围绕实践探究主题，发现一定的问题并尝试寻找解决问题的方法（7—9分）				
	能发现问题，但解决问题的能力还有所不足（4—6分）				
	发现问题和解决问题的能力有所欠缺（1—3分）				
沟通合作素养	分工很明确，与实践活动小组的组员、指导教师进行充分、及时的沟通交流，有序参与实践活动（10分）				
	分工较为明确，与实践活动小组的组员、指导教师进行较为充分、及时的沟通交流（7—9分）				
	分工较为明确，但与实践活动小组的组员、指导教师缺少沟通交流，各自为营（4—6分）				
	分工模糊，没有与项目小组的组员、指导教师进行充分、及时的沟通交流，没有按照分工有序参与实践活动（1—3分）				
改进建议					

实践成果展示评价表

评价指标	评价标准	评分(以小组为单位)			
		自评(30%)	互评(30%)	师评(40%)	总分
知识理解	观点全面,论证严密,体现出对实践探究主题的深入理解与研究,过程性资料详细丰富,体现学科核心素养(10分)	(均分)			
	观点较为全面,论证与结论逻辑较为紧密,总体上较为深入,过程性资料较为详细丰富,较好地体现了学科核心素养(7—9分)				
	观点偏颇,与实践活动探究主题关联性不大,过程性资料较为简略单一,能基本体现学科核心素养(4—6分)				
	观点极端,过程性资料非常简略单一,缺少相关准确的材料,不能体现学科核心素养(1—3分)				
思考探究	能充分反映实践探究主题;具有优秀的逻辑性和构思能力(10分)	(均分)			
	能反映实践探究主题;具有一定的逻辑性和构思能力(7—9分)				
	实践探究主题不明确;逻辑性和构思能力不强(4—6分)				
	不能反映实践探究主题;缺乏逻辑性和构思能力(1—3分)				
沟通交流	展示者对于实践活动内容的表达具有想象力,能够有效地与观众进行互动,对于观众提出的问题能够进行有效的反馈,具有很强的说服力(10分)	(均分)			
	展示者对于实践活动内容的表达具有一定的想象力,与观众有一定的互动,对于观众提出的问题能够进行一定的反馈,具有一定的说服力(7—9分)				

评价指标	评价标准	评分(以小组为单位)			
		自评(30%)	互评(30%)	师评(40%)	总分
沟通交流	展示者对于实践活动内容的表达的想象力不足,对于观众提出的部分问题不能进行反馈(4—6分)				
	展示者与观众没有互动交流,不能引起观众的兴趣(1—3分)				
工具辅助	实践小组能辩证地选择素材,有自己独到的见解;熟练地运用贴合主题的多媒体、道具等辅助工具进行展示(10分)				
	实践小组能较为辩证地选择素材,有一定的见解;较为熟练地运用贴合主题的多媒体、道具等辅助工具进行展示(7—9分)			(均分)	
	实践小组选择的素材较少;较少运用贴合主题的多媒体、道具等辅助工具进行展示(4—6分)				
	实践小组没有选择恰当的素材;没有运用贴合主题的多媒体、道具等辅助工具进行展示(1—3分)				
展示技巧	展示者声音响亮,表达清晰,语调和身体语言能够吸引观众,且能运用多种具有创造力的展示技巧,引发观众的共鸣(10分)				
	展示者声音较为响亮,表达清晰,语调和身体语言较能吸引观众(7—9分)			(均分)	
	展示者声音不够响亮清晰,较少运用语调和身体语言等展示方式吸引观众(4—6分)				
	展示者声音小,表达不清晰,没有运用语调和身体语言等展示方式吸引观众(1—3分)				
改进建议					

六、小结

本次社会实践活动借助本区域资源——"人大代表之家"工作站，通过采访人大代表，进行了有关"全过程人民民主"建设的探究活动设计，主要包括三个环节。

环节一：探究社会主义民主的本质——人民当家作主，结合课前问卷，展示学生对提到人大、人大代表时想到的高频关键词，提问学生为什么会想到这些关键词，并结合学生的解释引导学生理解人大、人民代表大会制度和人民当家作主的关系。

环节二：探究人民代表大会和人民代表大会制度的关系，小组合作运用结构图解释《中华人民共和国家庭教育促进法》的立法过程，解决社会现象，将理论联系实际，在人民代表大会制度的实践中感悟发展全过程人民民主的本质是保证人民当家作主。

环节三：探究人大代表与人民的关系，各小组通过展示采访"人大代表之家"工作站和人大代表的实践成果，以及分享采访人大代表的感受变化，进一步延伸公民可以参与政治生活的方式方法。

此次社会实践活动走近人大代表，一方面，让同学们感受到其实民主就在身边，中学生也能干"大事情"，有助于提高同学们参与政治生活的热情；另一方面，学生通过切身感受全过程人民民主，感悟人民当家作主和发展全过程人民民主的必要性和重要意义，能够更加关心社会，了解时政，树立责任意识，深化对"我国一切权力属于人民"和"全过程人民民主"的认同和理解，增强国家认同感和主人翁意识。

案例 6

上海百年老店见证改革开放大变迁的社会实践活动方案
——以"杏花楼集团"为例

上海交通大学附属黄浦实验中学　陈质颖

一、学科知识链接

1.中国腾飞谱新篇（统编版教材《道德与法治》九年级上册第一单元《富强与创新》第一课《踏上强国之路》第一框"坚持改革开放"）。

2.创新引擎（统编版教材《道德与法治》九年级上册第一单元《富强与创新》第二课《创新驱动发展》第一框"创新改变生活"）。

3.公有制为主体、多种所有制经济共同发展（统编版教材《道德与法治》八年级下册第三单元《人民当家作主》第五课《我国的政治和经济制度》第三框"基本经济制度"）。

二、活动目标

1.通过查阅资料，了解改革开放的历程和内容。了解我国逐步确立了公有制为主体、多种所有制经济共同发展，按劳分配为主体、多种分配方式并存，社会主义市场经济体制等社会主义基本经济制度。了解改革开放对企业发展的重要作用。

2.通过研究性学习活动及小组合作，强化团队合作意识，磨炼知难而进的意志品质，提高收集和处理信息的能力，运用知识和独立思考的能力以及人际交往的能力。

3.通过探究上海具有代表性的企业所取得的巨大发展，体会改革开放给中国带来的巨变，进而认同改革开放，认同中国共产党的领导，理解中国特色社会主义道路是指引中国发展繁荣的正确道路。

三、活动实施条件

本次社会实践活动结合了区域资源——历经百年依旧蓬勃发展的上海杏花楼集团。杏花楼集团是中国企业、中国腾飞的缩影，对其发展历程进行实践探究，有助于学生了解改革开放对企业振兴和发展的重要作用，增进对改革开放的理解和认同。同时，借助区域资源有助于学生更便利地开展本次社会实践活动。

四、过程与要求

（一）活动准备阶段

1.活动对象：九年级学生。

2.活动时间：2周。

3.活动准备。

（1）根据分组及活动场所的不同，学生分为三个小组，在老师的帮助下与相关单位负责同志联系，进行实地参观、访谈活动。

（2）学生通过网上检索和教师下发的资料，初步收集"杏花楼集团"的相关资料，为撰写一篇微信公众号宣传推文做准备。

（3）教师准备各项评比的标准，制订优秀调查成果展示方案、优秀调查小组等的奖励方案。

4.探究主题：上海百年老店见证改革开放大变迁。

（二）方案实施阶段

1.分组分工。

上海杏花楼集团是上海市的百年老字号，改革开放以来，经过两次改革重组，20世纪90年代，由行政公司改组成企业；2000年再次改制，组成了多元投资的有限责任公司，公司进入市场竞争。经过40多年的发展，成为走向国际的中国餐饮老字号。全体同学将实践探究"杏花楼集团"发展模式的变化，从而感受改革开放的成果。

在分组过程中确保每一位同学都能参与到活动中并发挥自己的作用，

使学生有切实的参与感。各组通过民主推荐产生小组负责人，负责协调小组的活动。

2.调查访谈。

在规定时间内，三个小组根据各自任务进行访谈和实地调查，在此过程中要注意记录信息。需要进行访谈的小组要提前与相关负责人进行预约，然后根据访谈提纲进行访谈。在访谈结束后尽快整理出文字稿以便小组总结时使用。

（1）第一小组同学可采用实地调研、查阅资料的方式，调查杏花楼集团的两次改革、改革的背景及其对企业发展的影响。通过杏花楼集团的发展历程看我国基本经济制度的发展变化，了解改革开放对我国经济发展的重要作用，理解对内改革的必要性。

（2）第二小组同学可采用查阅文献资料、访谈企业工作人员等方式进行有针对性的实践活动。可从杏花楼集团月饼产品类型的发展看人民消费水平的变化，了解不同时期人民对月饼需求情况的变化、推出不同品种月饼的初衷，感受到改革开放后，人民生活水平显著提高。

（3）第三小组同学可采用查阅文献资料、访谈企业工作人员等方式了解杏花楼集团改革开放以来进出口贸易变化情况，以小见大，感受我国对外开放取得的成果。进一步理解改革开放即对内改革，对外开放。认同改革开放，坚定中国共产党的领导。

（三）交流总结阶段

实践活动结束后，三个小组进行资料的整理，汇总形成一份总结报告并撰写一篇微信公众号宣传推文。学生就本次社会实践活动的调查结果结合自己家乡四十多年的变化谈体会，明确坚持深化改革开放的必要性。

五、评价方法与标准

本次社会实践活动评价分为两部分。

1.过程性评价。

过程性评价包含出席情况、承担工作、完成任务、文明礼仪、困难应对五个方面，每个方面占20分，总分90—100分为A，80—89分为B，70—79分为C，70分以下为D。由自己、小组成员、组长三方分别进行评价。

社会实践评价表

项目	评价要求
出席情况(20分)	按时出席,不迟到早退,不缺席
承担工作(20分)	承担分配的任务
完成任务(20分)	负责任,完成度高,能提出有价值的看法和建议
文明礼仪(20分)	仪态端庄,行为得体,用语礼貌
困难应对(20分)	处理问题及时得当

自评等级:	成员互评等级:	组长评价等级:

2.总结性评价。

在完成校园公众号文章推送后，每位小组成员就本次社会实践活动的调查结果，结合上海的发展和变化谈谈感想。教师根据学生的表现给出评价。

评价等级：

A：能有效整合三个小组的交流内容；能结合教材知识点对整体调查内容进行有效点评；能将活动内容升华至对改革开放的认同与自信，并结合自己在行为和意识方面的改变具体谈感想。

B：能整合三个小组的交流内容；能结合教材知识点进行点评；有简单的主题升华，但没有联系自身实际谈感受。

C：不能整合三个小组的交流内容；没有结合教材知识点进行点评；没有进行主题升华。

教师将过程性评价和总结性评价结果整合，形成综合评价结果。

六、小结

本次社会实践活动通过以小见大的方式让学生感悟改革开放的重大意义。从学情看，初三的学生都是"05后"，仅凭书本知识无法深入体会改革开放的伟大。从内容看，改革开放的成果，宏观层面体现在国家经济、综合国力、世界影响力的极大提升，微观层面体现在人民生活中的变化、企业的发展变化等方面。本次社会实践活动从微观的企业发展变化看宏观的国家变化，用事实说话，以理服人。上海作为改革开放的前沿阵地，因改革开放取得巨大发展，透过上海本土企业看改革开放成果，更能令学生们为之骄傲、自豪，认同改革开放，坚定爱党爱国信念。另外，从企业的变化看到国家的变化，还能促使学生思考作为新时代的青年，能为全面深化改革开放做些什么，培养社会责任感和主人翁意识，做负责任的人。

案例 7

改革创新推动上海高质量发展的社会实践活动方案
——以"临港新片区"为例

上海市奉贤区崇实中学　施海英

一、学科知识链接

1.改革开放对我国经济社会发展的作用；改革开放的重要性（统编版教材《道德与法治》九年级上册第一单元《富强与创新》第一课《踏上强国之路》第一框"坚持改革开放"）。

2.坚持创新发展的重要性；建设创新型国家的原因及做法（统编版教材《道德与法治》九年级上册第一单元《富强与创新》第二课《创新驱动发展》第一框"创新改变生活"、第二框"创新永无止境"）。

3.我国积极谋求发展的做法（统编版教材《道德与法治》九年级下册

第二单元《世界舞台上的中国》第四课《与世界共发展》第二框"携手促发展"）。

二、活动目标

1.通过查阅资料，理解改革开放对我国经济社会发展的作用并知道我国积极谋求发展的做法；明确改革开放是决定当代中国命运的关键一招、是当代中国最鲜明的特色。

2.通过研究性学习活动，提升收集和处理信息、运用知识和独立思考以及人际交往的能力。

3.通过社会调查研究，磨炼知难而进的意志品质，强化团队合作意识，增强社会责任感，养成追求真理的科学精神，加深对改革开放的认同感，坚定建设富强中国必须坚持以改革创新为核心的时代精神的信念。

三、活动实施条件

本次社会实践活动探究区域资源——"上海临港新片区"的发展历程，通过实践探究活动，学生能够了解临港新片区用改革创新打造服务新发展格局的开放新高地，深刻认识改革开放是当代中国最鲜明的特色，并思考如何才能推动高质量发展。借助区域资源既有助于学生更便利地开展本次社会实践活动，也有助于学生加深对教材知识内容的理解。

四、过程与要求

（一）活动准备阶段

1.活动对象：九年级学生。

2.活动时间：2周。

3.活动准备。

（1）学生根据活动场所的不同分四个小组进行实践探究，老师帮助与实践单位负责同志联系，安排实地参观、访谈活动的准备工作。

（2）学生根据网上检索和教师下发的资料，初步收集临港新片区的相关资料。

（3）教师准备各项评比的标准，制订优秀调查成果展示方案、优秀调查小组等的奖励方案。

4.探究专题。

（1）临港新片区"自由化"的表现及影响。

（2）临港新片区的"首创"案例及其带来的变化。

（3）临港新片区的"新主人"的故事。

（4）临港新片区的"高质量发展之路"。

（二）方案实施阶段

1.分组分工。

2019年8月20日中国（上海）自由贸易试验区临港新片区挂牌成立，为上海当好新时代全国改革开放排头兵和创新发展先行者、推动经济高质量发展提供了重大历史机遇。《中国（上海）自由贸易试验区临港新片区发展"十四五"规划》中指出，到2025年，聚焦临港新片区产城融合区，建立比较成熟的投资贸易自由化便利化制度体系，打造一批更高开放度的功能型平台，集聚一批世界一流企业，区域创造力和竞争力显著增强，经济实力和经济总量大幅跃升，初步实现"五个重要"目标；初步建成具有较强国际市场影响力和竞争力的特殊经济功能区，在若干重点领域率先实现突破，成为我国深度融入经济全球化的重要载体，成为上海打造国内国际双循环战略链接的枢纽节点；初步建成最现代、最生态、最便利、最具活力、最具特色的独立综合性节点滨海城市；基本建成服务新发展格局的开放新高地、推动高质量发展的战略增长极、体现人民城市建设理念的城市样板间、全球人才创新创业的首选地。

改革开放对临港新片区发展有怎样的影响？改革开放以来，临港新片区取得了哪些成就？为了临港新片区更好发展，我们可以做些什么？学生可从临港新片区"自由化"的表现及产生的影响，临港新片区的"首创"案例及其带来的变化，临港新片区的"新主人"的故事，临港新片区的"高质量发展之路"四个角度分组进行实践活动。各组通过民主推荐产生小组负责人，负责协调小组活动。

2.调查访谈。

在规定时间内，各个小组根据本组实际需求进行实地调查并进行拍照留档等资料收集。需要进行访谈的小组要提前与相关负责人进行预约，然后根据访谈提纲进行访谈，在此过程中需要全程记录访谈过程并在访谈结束后尽快整理出文字稿以便小组总结时使用。

第一小组：临港新片区"自由化"的表现及影响。中国（上海）自由贸易试验区临港新片区是国家推进改革开放和创新发展的自贸区新片区，是上海面向未来发展的重要战略空间。对标国际上竞争力最强的自由贸易园区，2019年8月，国务院在上海的大治河以南，金汇港以东，以及小洋山岛、浦东国际机场南侧区域设置中国（上海）自由贸易试验区临港新片区，先行启动南汇新城、临港装备产业区、小洋山岛、浦东机场南侧等区域119.5平方公里。实施具有较强国际市场竞争力的开放政策和制度，如实施公平竞争的投资经营便利（投资自由），实施高标准的贸易自由化（贸易自由），实施资金便利收付的跨境金融管理制度（资金自由），实施高度开放的国际运输管理（运输自由），实施自由便利的人员服务（人员从业自由），实施国际互联网数据跨境安全有序流动等。

本组学生可采用实地调研、查阅数字资料的方式，认识到临港新片区作为国家推进改革开放和创新发展的自贸区新片区，是国家坚持和不断深化改革开放的重大举措，并从这些"自由"中感悟到：改革开放是党和人民大踏步赶上时代的重要法宝，是坚持和发展中国特色社会主义的必由之路，是决定当代中国命运的关键一招，也是决定实现"两个一百年"奋斗目标、实现中华民族伟大复兴的关键一招。

第二小组：临港新片区的"首创"案例及其带来的变化。一是投资自由方面。特斯拉以及全国首家跨国金融集团独资的金融科技公司等一批项目率先落地临港新片区；执行我国首个服务贸易负面清单，承诺先行先试扩大金融、教育、医疗、文化等领域投资开放。二是贸易自由方面。洋山特殊综合保税区构建"六特"海关监管模式，优化贸易监管、许可和程序要求；在全国率先实现集装箱重量验证智能监管，实现安全便利通关。三是资金自由方面。在全国率先试点取消外商直接投资人民币资本金专户；推动跨境资金收付便利，实现数字化的跨境支付结算模式；打造以跨境金融和离岸金融为特色的滴水湖金融湾。四是运输自由方面。实行"中国洋山港"籍国际船舶登记制度，在全国率先推出模式套泊作业实船试验。2024年，临港新片区地区生产总值年均增长19.8%，规上工业总产值年均增长34.6%，全社会固定资产投资年均增长33.4%，区域经济规模迈上新台阶。

本组学生可采用查阅文献、视频或数字资料、实地走访等方式进行有针对性的实践活动并得出结论：在中国共产党的领导下，改革创新极大地改变了临港新片区的面貌，知识的创新为临港新片区的发展提供了新的思想和方法；技术的创新促进生产力发展、增加了社会财富；制度的创新促进公平正义、推动临港新片区的高质量发展。

第三小组：临港新片区的"新主人"的故事。临港新片区正着力实施"人才筑巢工程"，加快形成更具开放性、更具竞争力的人才政策体系，为更多海内外优秀人才来临港工作、生活提供全方位的保障服务。学生可从临港创业者和就业者中选择有代表性的人物去了解这些临港新片区的"新主人"的故事并组织宣讲。

本组学生可采用查阅数字资料、实地走访的方式进行有针对性的实践活动，得出结论：时代需要弘扬创新精神。每个人都可以是创新者，都可以在创新中实现自我价值；每个人都可以是创业者，都可以通过辛勤劳动为国家和人民作出贡献。

第四小组：临港新片区的"高质量发展之路"。可从新发展理念，即创新、协调、绿色、开放、共享五个方面收集并整合资料。

本组学生可采用查阅数字资料、实地走访的方式进行有针对性的实践活动，得出结论：要坚定不移贯彻新发展理念，落实高质量发展要求，扎实推进改革试点任务落地，强化制度和管理创新，做好风险防控，努力完成临港新片区总体方案确定的2025和2035年发展目标，在更深层次、更宽领域，以更大力度推进对外开放。

（三）交流总结阶段

实践活动结束后，各小组对所收集的资料进行整理、汇总，形成一份总结报告并制作PPT在课堂上进行展示、交流。学生就本次社会实践活动的调查结果结合临港新片区发展以及自身的就业思考谈谈感想，该项内容也将作为社会实践活动的评价之一。

五、评价方法与标准

本次社会实践活动评价分为两部分。

1. 过程性评价。

每一位小组成员在活动过程中记录活动内容、描述个人表现，并在社会实践完成后进行自评、互评和组长评。

评价共分为A、B、C三个等级。其中，A为优秀，在团队中表现突出；B为良好，在团队中无突出表现；C为不合格，需努力。每个团队中，A级占比15%，B级占比70%，C级占比15%。

2. 总结性评价。

在小组学生完成PPT或报告的交流后，每一位成员就本次社会实践活动的调查结果进行点评，并结合临港新片区发展以及自身职业生涯规划谈谈感想。教师根据学生的表现作出评价。

评价等级：

A：能有效整合四个小组的交流内容；能结合教材知识点对整体调查内容进行有效点评；能将活动内容升华至对临港新片区发展的认同，并结合自己的就业意向具体谈感想。

B：能整合四个小组的交流内容；能结合教材知识点进行点评；能简单地进行主题升华。

C：不能整合四个小组的交流内容；未结合教材知识点进行点评；未进行主题升华。

教师将过程性评价和总结性评价结果进行整合，形成综合评价结果。

六、小结

本次社会实践活动借助了本区域资源——临港新片区进行活动设计。分别从临港新片区"自由化"的表现及影响，临港新片区的"首创"案例及其带来的变化，临港新片区的"新主人"的故事，临港新片区的"高质量发展之路"四个角度分组进行实践活动。相较于外部区域资源，学生对本区域资源的熟悉度更高，收集资料也更便利。利用本区域资源能引发学生更深的思考和更强的共鸣，使这次社会实践更加有意义。

九年级学生在面临学业压力的同时也会思考自己未来的职业发展问题，因此本次社会实践活动很有现实教育意义，学生受到启发会思考自己的未来之路，而借助本区域的资源还会引发学生思考怎样为推动临港新片区的高质量发展作出贡献。

第二章　指向道德修养素养培育的实践教学案例设计

　　《义务教育道德与法治课程标准（2022年版）》中指出，道德修养是指养成良好的道德品质和行为习惯，把道德规范内化于心、外化于行。道德修养主要表现为个人品德、家庭美德、社会公德以及职业道德。道德与法治社会实践中培养学生道德修养的学科核心素养，不仅是学校教育的重要内容，也是学生个人全面发展的必然要求。培育学生的道德修养，有助于学生经历从感性体验到理性认知的过程，传承中华民族传统美德，弘扬民族精神和时代精神，维护国家利益和安全，增强民族气节，明大德、守公德、严私德，形成健全的道德认知和道德情感，发展良好的道德行为。

　　在道德与法治社会实践中，教师可以结合课程内容，设计多样化的实践形式，开展有针对性的道德实践，培养学生的道德判断能力。例如，可以组织学生参与社区志愿服务活动，通过为社区老人提供帮助、参与环保行动等，培养学生的社会责任感和奉献精神；可以开展道德辩论活动，让学生围绕道德话题展开辩论，通过思维的碰撞和交流，深化对道德问题的认识；还可以组织学生进行道德故事分享，让学生讲述身边的道德故事，感受道德的力量和温暖。通过实践活动，让学生在实践参与中感受道德规范的重要性，了解社会的多样性和复杂性，引导学生树立正确的价值观，增强学生的道德意识，使学生自觉遵循社会道德准则，不断提升道德修养。

在设计指向培育道德修养的社会实践教学活动时，教师要关注以下要求。第一，明确道德修养目标，引领实践活动方向。引导学生树立正确的道德观念，培养良好的道德品质和行为习惯。这些目标应贯穿于社会实践活动的始终，从策划、组织到实施、总结，都要体现出道德修养的核心要求。第二，引导学生自我反思，促进道德修养的内化。教师要注重设计反思环节，让学生在活动结束后对自己的行为、态度、价值观等进行深入的思考和总结，引导学生认识问题，进而调整行为，提升道德修养。第三，建立有效的评价机制，激励学生道德修养的提升。通过定期评价学生的学习成果和道德修养水平，及时了解学生的学习状况和需求，为学生提供有针对性的指导和帮助。

道德修养的学科核心素养培育是一项长期任务。教师需要不断探索和创新社会实践的方法，提升学生的道德修养水平，帮助学生更好地适应社会发展需求，为学生未来的成长奠定坚实的基础。

案例 1

规范外卖行为，共建文明社会的社会实践活动方案

上海市奉贤区青溪中学　杨卫晨

一、学科知识链接

1.井然有序的社会生活离不开社会规则的维系；社会规则划定了自由的边界，是人们享有自由的保障；自觉遵守规则，坚定维护规则，积极改进规则（统编版教材《道德与法治》八年级上册第二单元《遵守社会规则》第三课《社会生活离不开规则》第一框"维护秩序"、第二框"遵守规则"）。

2.道德（尊重他人、以礼待人、诚实守信……）是社会关系的基石，是人际和谐的基础；践行尊重他人、以礼待人、诚实守信等道德规范（统

编版教材《道德与法治》八年级上册第二单元《遵守社会规则》第四课《社会生活讲道德》第一框"尊重他人"、第二框"以礼待人"、第三框"诚实守信"）。

二、活动目标

学生通过调查外卖行业问题、采访外卖员、撰写倡议书、绘制宣传册等持续性的实践探究活动，能够从不同角度发现生活中的真实问题，合作探究解决复杂问题的方法。在绘制宣传册的过程中，真正理解"社会规则""社会秩序"的内涵与价值，并在现实生活中践行尊重、诚信、有礼的道德品质，提升尊法学法守法用法的能力，做一个有道德修养和法治观念的公民。

三、活动实施条件

本次社会实践活动基于八年级学生所在的生活社区，聚焦生活中亲历的或观察到的外卖问题。学生通过查阅法律资料、采访外卖员、调查行业问题等进行持续性的探究活动。借助生活资源和社会现实问题，有助于学生更便利地开展本次社会实践活动，也更有助于学生理解教材知识内容。

四、过程与要求

（一）活动准备阶段

1.活动对象：八年级学生。

2.活动时间：2周。

3.活动准备。

（1）学生通过交流讨论、网上检索和教师提供的资料，初步了解活动要求，做好资料的收集准备。

（2）学生根据分组及居住小区的不同，在老师的帮助下与实践单位负责同志联系，做好实地参观、访谈活动的准备工作。

（3）教师准备各项评比的标准，制订优秀项目成果展示方案、优秀活动小组等的奖励方案。

4.小组实践探究步骤。

（1）学生分小组讨论，初步确定并完成活动方案。

（2）社会实地调研，深度了解外卖行业存在的主要问题、外卖员的工作日常和诉求等。梳理分析外卖行业问题背后的原因，确立宣传册的绘制内容和宣传对象。

（3）团队分工，绘制宣传册，展示交流。

（二）方案实施阶段

1.分组分工。

近年来，和外卖员有关的新闻不断涌现，教师组织学生对新闻标题进行分类，对问题的性质做出简单判断。然后，创设情境，引出驱动性问题。为进一步促进网络餐饮行业健康有序发展，明确外卖平台、外卖员、消费者等的职责，保障各自的合法权益，奉贤区消费者权益保护委员会向广大市民征集以"规范外卖行为　共建文明社会"为主题的宣传画册，号召大家为共建文明城区贡献一份自己的力量。我们设计什么样的宣传册才能真正起到宣传的作用呢？请围绕第二单元《遵守社会规则》的内容，设计一份宣传册。

学生可以根据对不同主体（外卖员、外卖平台、社区居民、政府部门）或不同问题（道德问题、法律问题）的关注兴趣来进行自由分组。在小组内部经过民主推荐产生小组负责人后，开展小组讨论"绘制一份怎样的宣传册才能号召消费者、外卖员和外卖平台都能自觉遵守相应的规则，促进大家的和谐相处？""在以小组为单位绘制宣传册之前，还需要做哪些准备工作？"在组长的协调安排下，小组成员完成任务分工，并根据教师提出的活动要求，制订出计划方案。

2.调查访谈。

在规定时间内，各个小组根据本组实际需求进行实地调查，并进行拍照留档等资料收集。需要进行访谈的小组可提前与相关负责人进行预约，然后根据预设访谈提纲进行访谈，在此过程中需要使用电子设备全程记录访谈过程并在访谈结束后尽快整理出文字稿，以便小组在完成本项目任务时使用。

（1）第一小组同学对所在小区的居民开展调查，了解小区内外卖服务中存在的主要问题，形成微报告。

鉴于小组成员分布在不同的小区，采集到的数据样本达到了一定规模，故具备参考价值。当然为了能更全面地反映问题，本组学生除了在各个小区内实地调研，还可以利用问卷星向全校师生发放网络调研问卷，以此来获得更详实的数据支撑。在这个过程中，小组成员需要查阅资料，交流讨论，共同设计问卷的调查内容，如：您是否愿意到小区门口领取外卖？您在等待外卖的过程中心态是怎样的？您对外卖员在送餐过程中见义勇为传播正能量的行为持什么态度？在统计和分析数据的过程中，学生能以更全面的视角发现外卖行业中存在的一些不文明行为——如外卖员的深夜扰民、横冲直撞、超速行驶，顾客的无礼要求、差评要挟等，在对问题的辩证分析中，学生尝试针对具体问题提出相应建议，在为后续绘制宣传册做好素材积累的同时，也进一步加深了对文明有礼、相互体谅、相互尊重等社会公德的理解。

（2）第二小组同学对身边的外卖员进行人物采访调查，了解他们工作中的困难和需求，形成访谈实录。

本组学生可以充分挖掘身边的资源，比如利用叫外卖的机会，邀请外卖员做一个访谈，或者请他们填写一下问卷。无论是访谈还是问卷，内容的设计都需要学生小组合作完成。针对外卖员的问卷设计，网上有很多资料可供借鉴，学生从中进行挑选和改编即可，操作难度不高。但访谈外卖员，对初中学生来说，有一定操作困难，需要教师提供一些学习支持，可以是人物访谈的表格，也可以是人物采访的提纲等。学生通过采访调查，不仅会关注到那些未曾留意的问题，而且能够体会到外卖员们的"酸甜苦辣"，改变对外卖员的刻板印象。在发现和感受外卖员身上的职业素养和职业道德后，学生能主动自愿想要在宣传册的绘制中去为外卖员发声，呼吁大家能对外卖员多些理解和包容，多一份关爱。

学习单:"外卖员的世界"采访提纲

小组		采访对象		采访地点	
时间		性别		年龄	
采访前	问题设计	示例:1.您在送外卖的过程中遇到过什么问题? 2.您一天的工作时间大概是多久呢? 您觉得工作强度大吗? 3.您为什么会去送外卖呢? (可结合小组讨论,从中挖掘感兴趣的内容进行深入采访)			
采访中	采访记录(提纲式记录)				
采访结束后	收获感受(对这个职业的新认识)				

(3)第三小组同学对不同的外卖平台进行资料收集,了解平台对外卖员的规定和要求,形成微报告。

本组学生可以通过网络检索外卖平台针对外卖员制订的规定,也可以通过走访外卖人员掌握一手资料。但对于这一小组的调查,教师要在其中引导学生深入分析调查结果。通过分析外卖平台制订这些规定的目的,联系第一小组的调查结果,学生会发现外卖行业中存在的一些道德缺失问题,进而理解规则是对社会秩序的一种维护。可以建议第二和第三小组的同学共享调查资料,在对比分析中,感受平台规定和外卖员工作之间的矛盾点,发现平台规定的不合理之处,从而提出改进办法,兼顾各方利益。

(4)第四小组同学对外卖行业中的典型案例进行资料收集,了解国家对外卖行业的法律要求,形成微报告。

随着外卖行业的发展,与此相关的法律体系正在不断完善,这让学生在搜集资料时可能会没有重点,因此需要教师提供调查方向,引导学生聚焦于某一个社会典型案例,从案例中涉及的不同权利主体出发,查阅相关法律,了解不同对象的权利和义务;或者从法院的判决入手,开展反向调查,寻找法院的判决依据。在分析案例、寻找法理依据的过程中,要深挖背后涉及的道德问题和法律问题，理解社会规则的重要意义，以及自由与规则之间的辩证关系。

五、评价方法与标准

本次社会实践活动评价分为两部分。

1.过程性评价。

"规范外卖行为　共建文明社会"小组展示评价表

评价维度	评价内容	评价等级			评价结果		
		优秀	良好	一般	小组评价	他组评价	教师评价
成果呈现	学科知识	汇报展示中体现了尊重、有礼、守法等五个以上学科概念	汇报展示中体现了尊重、有礼、守法等四个以上学科概念	汇报展示中体现了尊重、有礼、守法等两个以上学科概念			
	契合程度	契合主题，符合作品要求	与主题相关度较高，不完全符合作品要求	和主题相关度不大，不符合作品要求			
	整体布局	形式新颖，版式美观，作品有创意，有吸引力	形式多样，版式美观，作品略显平淡	形式单一，作品整体性不强，不美观			
汇报表现	语言表达	语言表达流畅，仪态大方，思路清晰、重点突出、能流利回答各种问题	全员参与度高，语言表达略有紧张，时间紧张	部分同学不愿意表达，有些"没话说"，参与度不高			
	汇报方式	能吸引更多同学前来翻阅、讨论、思考	能正确表达作品主题，得到同学们的肯定	汇报缺乏真实感，未引起同学们的关注			

2.总结性评价。

"规范外卖行为 共建文明社会"宣传册评价表

评价维度	评价内容	分值	评价结果		
			小组评价	他组评价	教师评价
科学性	围绕项目主题,能够表达出项目主旨思想	5			
	整体内容健康、逻辑清晰、结构完整	5			
	能合理筛选、甄别素材,选择能体现外卖行业的真实而典型的问题	10			
学科性	语言凝练,体现对道德规范和社会规则的认识	15			
	能抓住外卖行业的真实问题,合理想象,运用学科内容进行艺术加工,体现对社会规则内涵、价值等不同方面的理解	30			
	能针对主题,结合学科内容,表现出自己的情感	20			
艺术性	图文设计美观,色彩对比和谐	10	–	–	
	内容元素与主题风格相适应,有表现力和感染力	5	–	–	
(表中的"艺术性"部分,由美术老师作出评价。)					
总评:					

六、小结

本次实践活动立足《道德与法治》八年级上册第二单元《遵守社会规则》的内容,结合学生在现实生活中亲历的或观察到的外卖问题,以"如何在生活中做一个遵守社会规则的合法公民?"这一学科本质问题创设了绘制一份"规范外卖行为 共建文明社会"宣传册的活动,来引导学生运用所学内容解决生活中的真实复杂问题,落实学科核心素养。学生采用合作探究的学习方式,分成四个小组分别从社区居民、外卖员、外卖平台和国家法律四个角度进行实践活动。在整个活动中,学生在巩固关键学科知识的基础上,锻炼了组织协调、交流沟通、设计论证、调研分析、阐释评价等解决问题的综合能力，实践能力不断增强，学科思维逐步提升。

教师通过对本次社会实践活动的上位建构，加强对学生进行相应的学习指导，使学生学会面对复杂的社会生活和多样的价值观念，帮助学生掌握探究社会和参与社会的基本方法，在发现问题、分析问题、解决问题的过程中学习搜集、处理、运用信息的方法，提高媒介素养；在知识迁移的过程中，促进关键能力、必备品格与价值观念整体提升。

案例 2

"职"向未来，启航理想的社会实践活动方案

上海市奉贤区育秀中学　王颖

一、学科知识链接

1.如何做好职业准备，进行职业选择；劳动创造价值；敬业精神（统编版教材《道德与法治》九年级下册第三单元《走向未来的少年》第六课《我的毕业季》第二框"多彩的职业"）。

2.劳动成就今天（统编版教材《道德与法治》八年级上册第四单元《维护国家利益》第十课《建设美好祖国》第二框"天下兴亡　匹夫有责"）。

二、活动目标

1.通过制作调查问卷和开展职业访谈，理解现代社会中职业形式的多样性及从业的必然性，能理性对待未来就业，树立热爱劳动、尊重劳动、尊重劳动者的意识。

2.通过实地考察和职业体验，懂得在发掘和培养兴趣爱好、个性特长的同时，根据社会发展需要规划自己的职业；正确看待职业的变迁，知道职业会随着社会进步发展而变化，懂得要通过努力学习，提高各方面素

养，为美好未来做充分准备。

3.通过手账展示及公益宣讲，增强社会责任感，理解不同劳动和职业都具有独特价值，树立爱岗敬业的职业精神，培养职业操守和职业道德，焕发劳动热情、释放创造潜能。

三、活动实施条件

本次社会实践活动与育秀中学德育处通力合作开展，是九年级学生职业体验周系列活动之一，通过"调查中学习""实践中体验""宣讲中感悟"等系列活动，引导学生在面临初中毕业的关键阶段，立足当前的学习生活，正确认识自我、了解职业，在向身边的榜样学习的过程中积极做好未来的职业准备，懂得只有爱岗敬业才能更好地承担社会责任、实现自己的人生价值的道理。同时，线上线下多方联动合作开展本次社会实践活动，有助于学生在实践中培育道德修养。

四、过程与要求

（一）活动准备阶段

1.活动对象：九年级学生。

2.活动时间：2周。

3.活动准备。

（1）按照学校雏鹰假日活动小队成员分布的情况，一个班级共分为四个小组，分组进行实地考察。

（2）各小组在学校老师和家长的帮助下与社会实践单位的负责同志联系，进行问卷调查、访谈活动、职业体验等活动的准备工作。

（3）教师制订各项评比的标准；准备优秀职业体验手账展示方案，优秀活动小组、先进职业体验个人等的奖励方案；邀请各类代表做好评价准备。

4.探究专题。

（1）制作职业问卷小调查，了解社会中的不同职业。

（2）访谈身边的劳动者，体会劳动的意义和价值。

（3）从实地跟岗职业体验中思考如何进行职业规划。

（4）从小组手账展示及宣讲中培育和发扬敬业精神。

（二）方案实施阶段

1.制作调查问卷。

指导教师给予相关学科知识的前期渗透并布置职业问卷调查任务。学生按照调查任务要求完成职业调查问卷的填写，线上可使用"问卷星"等小程序，线下可发放纸质问卷，调查内容需明确调查的方式、调查对象的职业特点、职业选择原因、为适应职业作出的努力、从事职业后的收获和态度变化等问题，以便对调查结果进行系统分析。此外，还要记录好自己参加职业调查活动的真实感悟，以便在总结交流时更有针对性。

指导教师组织学生分为四组，让每一组学生针对社会上四类不同年龄阶段的劳动者进行职业调查，第一组针对20—30岁的劳动者、第二组针对30—40岁的劳动者、第三组针对40—50岁的劳动者、第四组针对50—60岁的劳动者，学生可以记录在跟岗实践中观察到的不同职业劳动者的特点。在制作及研究分析职业调查问卷的过程中，指导教师要时刻关注学生是否学以致用并跟进各小组的调查进度，注重在活动中培养学生的实践参与感和团队荣誉感，体会劳动的意义和价值。各组通过民主推荐产生小组负责人，负责带领小组成员圆满完成调查活动。

2.开展访谈。

根据职业调查问卷的结果，每小组选取两名具有代表性的劳动者进行访谈，指导老师在学生访谈过程中需注意引导各小组尽量避免访问同一职业的劳动者。访谈主要围绕访谈对象的职业具体要求、选择职业的原因、劳动过程中的收获等内容展开，在此过程中，部分组员负责和访谈对象进行交流沟通，部分组员负责使用电子设备全程记录访谈过程，部分组员负责访谈过程中的文字记录。各小组在访谈结束后尽快整理出访谈内容，以便后期制作手账及进行职业宣讲时使用。

3.跟岗体验。

访谈结束后,指导教师组织小组在组内进行民主投票,选择一至两个职业并联系访谈对象前往实地岗位,进行为期一天的跟岗参观学习,学生在实践中感悟校园生活与工作生活的不同之处,将理论与实践结合,在实践中检验书本中的相关知识,感悟敬业精神。学生需在跟岗过程中了解这一岗位的入职条件,分析该职业的特点,记录一天的工作内容和工作要求,观察工作中身边的佼佼者并分析其出众的原因,对比职业体验前后自身对这一职业的不同认识。设想自己想要胜任这份职业需要付出哪些努力,在工作中想获得怎样的成就等,在思考和讨论中初步拟定出一份比较完整的职业规划,将自己的职业规划与组内成员和指导老师进行分享。

4.手账展示。

各小组在完成调查访谈、跟岗体验后,将调查报告、访谈记录、跟岗感悟及初步的职业规划通过组内汇总修改后,在各小组间展开交流分享,学生可对各小组分享内容进行评价,指导教师在聆听过程中需关注学生是否将学科知识进行关联,并引导学生结合书本核心内容对他人分享的内容进行分析和补充。交流结束后,每小组将本次职业体验系列活动的各项成果以手账作品形式进行汇总并公开展示。手账作品要尽量做到形式丰富,内容多元,手账的内容可以包括职业调查问卷的数据分析和报告、劳动者职业访谈的文字与摄影记录,以及跟岗体验中自身的感想与心得等,指导教师在此过程中需留意小组成员的参与情况,鼓励学生展开小组间的交流和竞争,激发各小组成员的手账创作热情。同时,应结合各小组风格和选定的职业特色,完成各组独具特色的职业体验手账。在交流宣讲环节,将邀请教师代表、家长代表、劳动者代表等分别对各组手账作品进行评价。

(三)交流宣讲阶段

实践活动结束后,各小组进行资料汇集,完善前期的调查报告、访谈记录、职业手账,最终形成一份系统的职业选择指导手册,手册内容包括问卷调查报告、劳动者访谈记录、实地跟岗感悟、职业规划及职业体验手账，每组根据最终的探究成果和心得进行职业道德宣讲，在成果展示的主题沙龙上由四名小组代表进行交流分享。每一成员在聆听各组宣讲内容的基础上，结合本次职业体验经历，谈谈本次实践活动中的感悟和收获，对学科知识的全新认知，以及自身未来的初步职业规划，包括接下来为了实现职业目标将作出的努力。随后，每组组长进行总结汇报。指导教师在此过程中要鼓励组内每一名成员都积极参与到宣讲活动中，并适时给予表扬从而激发学生的团队荣誉感。活动可邀请其他年级学生代表、教师代表、学校德育处领导、不同岗位的劳动者代表、家长代表等进行观摩。

五、评价方法与标准

本次职业体验系列社会实践活动评价分为两部分。

1.过程性评价。

每一位小组成员在活动过程中进行评价表记录，并在社会实践完成后进行自评、互评和代表评价。每个团队中，A级占比15%，B级占比75%，C级占比10%。

社会实践活动评价表

访谈对象及职业：		访谈地点：
访谈内容记录：		
访谈感悟：		自我评价：
跟岗体验记录：		
跟岗感悟：		自我评价：
手账主题：		自我评价：
组内评价：	组间评价：	代表评价：

评价等级：

A：在小组内表现突出，在小组实践活动中发挥重要作用；能很好地团结组员并进行有效沟通与合作；在完成手账制作、职业选择指导手册和职业宣讲分享中发挥重要作用。

B：在小组内无突出表现，但可以按时完成自己的任务；能与自己小组成员进行沟通与合作；能辅助小组成员完成表格记录、手账制作、职业选择指导手册和职业宣讲分享。

C：在小组内不积极完成任务；与小组成员不能很好地进行沟通与合作；不积极参与小组的手账制作、职业选择指导手册和职业宣讲分享。

2.总结性评价。

在小组学生完成职业选择指导手册展示及职业宣讲分享后，每一成员在聆听宣讲内容的基础上，结合自身的职业体验经历，谈谈本次职业体验社会实践活动中的感悟，以及自身未来的初步职业规划设想，包括接下来为了实现职业目标的努力方向。教师代表、学校德育处领导、不同岗位的劳动者代表、家长代表等根据学生表现作出评价。

评价等级：

A：能有效整合四个小组的宣讲内容；能结合教材知识点对整体宣讲内容进行有效点评；能就活动内容进行交流并体现热爱劳动、尊重劳动、尊重劳动者的意识，体现工作热情和爱岗敬业精神，并结合自己的职业规划谈谈接下来的努力方向。

B：能整合四个小组的宣讲内容；能结合教材知识点进行点评；能简单地进行主题升华。

C：不能整合四个小组的宣讲内容；未结合教材知识点进行点评；未进行主题升华。

教师将过程性评价和总结性评价结果进行整合，形成本次社会实践活动的最终综合评价。

六、小结

教师与学校德育处通力合作开展九年级学生职业体验周活动，进行本次社会实践活动设计。从"调查中学习""实践中体验""宣讲中感悟"这一系列"浸润式"活动着手，对从事不同职业的劳动者进行调查研究。首先，学生通过设计问卷调查、开展访谈、参与职业体验活动，走近各行各业的普通劳动者，感受每一位平凡劳动者的不平凡，从平凡劳动中领悟"劳动创造价值"的真谛，懂得必须立足当前的学习积极做好职业准备，将自己的人生规划与国家社会的发展相适应，增强社会责任感。其次，通过各方代表的观摩能够更客观地对学生在本次实践活动中的表现进行评价，增强学生的实践参与感和团队荣誉感。最后，开展职业宣讲活动能够将每一小组成员在本次实践活动中的体会感悟"透明化""可视化"，更为直观地呈现学生在本次实践活动中的学习收获和情感收获，引发学生更深的思考和更强的共鸣。在九年级开展这次社会实践活动很有现实教育意义，能让学生通过实践活动正确看待职业的变迁，懂得在发掘和培养兴趣爱好、个性特长的同时根据社会发展需要规划自己的职业，体会劳动的价值和意义，进而做好职业准备，更好地走向未来。

在整个活动过程中，学生在培育团队协作能力的同时，也能够在设计调查问卷、开展访谈的过程中培养亲社会行为，增强社会责任感；在进行实地跟岗职业体验的过程中从实际出发体会劳动的不易，向身边的榜样学习；通过团队制作手账活动，强化对学科知识的深入认知，感受传统课堂与实践课堂有效联合的作用；结合自身感悟进行职业宣讲，培育热爱劳动、爱岗敬业的精神，增强"职业道德"修养，达到"在做中学"的目的。

案例 3

秩序与规则的社会实践活动方案

上海市奉贤区实验中学　安琪

一、学科知识链接

1.社会正常运行需要秩序；自由与规则的关系（统编版教材《道德与法治》八年级上册第二单元《遵守社会规则》第三课《社会生活离不开规则》第一框"维护秩序"、第二框"遵守规则"）。

2.法律是最刚性的社会规则（统编版教材《道德与法治》八年级上册第二单元《遵守社会规则》第五课《做守法的公民》第一框"法不可违"）。

二、活动目标

1.通过自主学习，正确认识自由与规则的关系；能够分析社会秩序、社会规则问题；了解社会规则的主要类型，理解社会规则是如何维系社会秩序的；了解形成遵守社会规则的良好环境，需要自觉遵守规则，坚定维护规则。

2.通过问卷调查，提高社会参与性，走进社会、了解社会、关注社会；提高收集、处理、归纳、总结信息的能力；运用知识分析和解决问题，培养独立思考以及人际交往的能力。

3.通过分组主题活动，了解法律对个人生活、社会秩序和国家发展的作用；认识违法行为及其法律责任；了解法律对国家安全的保障作用，自觉履行维护国家安全的义务。

三、活动实施条件

本次社会实践活动与交通部门携手，通过社会问卷调查、交通协管体验、交通安全校园宣讲等活动，强化学生体验训练，提高交通安全意识，遵守交通安全法规，牢记安全出行，明确良好的社会秩序离不开规则，并为构建和谐有序社会贡献力量。

四、过程与要求

（一）活动准备阶段

1.活动对象：八年级学生。

2.活动时间：1周。

3.活动准备。

（1）学生查阅有关交通安全法律法规、相关案例等资料，为实践活动做前期准备。

（2）学生根据专题内容分组，在学校的帮助下与交通部门沟通联系，准备进行交通安全学习、实地参观、职业体验等。

（3）教师制订宣讲活动展示评比的方案。

4.探究专题。

（1）交通法规知多少。

（2）驾驶规范要注意。

（3）马路危险需警惕。

（二）方案实施阶段

1.前期准备。

社会规则对于初中生来说并不陌生，在成长过程中，个体需要不断学习、理解、实践各种社会规则，例如：道路交通安全法律、交通安全行为、交通安全意识等，这些规则规范和引导着人们的行为。交通安全这一主题对于初中生来说，既能够结合现实生活问题，又符合课程内容要求。

本次实践活动重点关注在复杂的道路交通中，如何自觉遵守交通法规，怎样维护公共交通秩序，如何避免安全事故发生等问题，并从"交通法规知多少""驾驶规范要注意""马路危险需警惕"三个角度展开分组实践活动，同时各组通过民主推荐产生小组负责人，负责组内成员的分工协作。

2.调查访谈。

第一小组：交通法规知多少。本组学生可根据实际情况，通过趣味题目问答、知识竞赛等形式，在社区、校园、街头进行路上行人问答采访，然后汇总调查数据，了解被调查者对于交通法规的掌握情况，并梳理成前期背景资料。

第二小组：驾驶规范要注意。本组学生可根据实际情况，从身边的驾驶人员入手，采访驾驶员对于日常行车规范的看法、讨论驾驶车辆时需注意的情况等。例如，雨天行驶时，路遇行人是否会放慢速度？人流密集处如何行驶？接送学生时，如何看待校门口的密集车流等问题。无论是问卷调查还是实地调查，最后都要根据调查结果，总结驾驶时最需要注意的情境及状况，并分析目前主要存在的问题。

第三小组：马路危险需警惕。本组学生需要借助多媒体及网络资源，结合交通部门实践体验，调查交通安全事故相关案例，并在此基础上进行汇总归纳。通过跟进了解和实际调查分析出现此类事故的原因，并于组内探讨，归纳总结，形成报告。

（三）交流总结阶段

社会实践活动结束后，各小组进行资料整理、归纳总结、设计校园宣讲活动方案，并在校园内进行展示交流，由校内学生进行评比投票，选出最优设计成果。

五、评价方法与标准

本次社会实践活动评价分为两部分。

1.过程性评价。

每一位小组成员在活动过程中记录活动内容、描述个人表现，并在社会实践完成后进行自评、互评和组长评。评价分为A、B、C三个等级，每个团队中A级占比15%，B级占比70%，C级占比15%。

评价等级：

A：在团队中表现突出，能在团队实践活动过程中发挥重要作用，帮助团队完成实践活动既定目标；能很好地团结成员并进行有效沟通与合作；在设计校园宣讲活动方案中发挥重要作用。

B：在团队中无突出表现，但可以按时完成自己的任务；能与小组成员进行沟通、交流与合作；能辅助小组完成校园宣讲活动设计。

C：在团队中不积极完成任务；与小组成员不能很好地进行沟通、交流与合作；没有参与小组的校园宣讲活动设计。

2.总结性评价。

在小组学生完成校园宣讲活动后，每一位成员就本次社会实践活动的调查结果整理个人小结，教师根据学生表现进行总结性评价。

评价等级：

A：能有效整合三个小组的宣讲内容；能结合教材知识点对整体调查内容进行有效点评；能将活动内容升华至对社会规则与社会秩序的辩证理解。

B：能整合至少两个小组的交流内容；能结合教材知识点进行点评；能简单地进行主题升华。

C：没有整合小组的交流内容；未结合教材知识点进行点评；未进行主题升华。

教师将过程性评价和总结性评价结果进行整合，形成本次社会实践活动的最终综合评价。

六、小结

开展社会实践活动的目的不仅是要得出可以测评的成果，更主要的是让学生在尝试、探索、实践的过程中提高安全意识。本次活动主要通过前期资料调查，让学生从自身角度了解交通安全相关法律规范，提高理论基础；通过社会问卷调查，让学生主动走进社会、参与社会，培养亲社会行为；通过校园宣讲的形式，让学生体验从走出校园、迈向社会，到回归校园的历程，发自内心地了解社会规则与社会秩序之间的辩证关系，进而提高自身的道德素养。社会实践活动不仅丰富了学习的形式，同时也让学生从被动接受转变为主动创造。另外，小组合作探究的形式更能突出学生的主体地位，激发学生的求知欲和责任感，拓宽学生学习的空间。

八年级学生对社会生活的感受越来越丰富、深刻，也有意愿承担更大的社会责任，因此本次社会实践活动立足于青少年关心、参与并融入社会的实践，引导学生做社会主义法治的忠实崇尚者、自觉遵守者、坚定捍卫者。

案例 4

传承"非遗文化"的社会实践活动方案
——以一镇二品"手狮舞"为例

上海市奉贤区新寺学校　马国平

一、学科知识链接

1.延续文化血脉的表现（统编版教材《道德与法治》九年级上册第三单元《文明与家园》第五课《守望精神家园》第一框"延续文化血脉"第一目"中华文化根"；九年级下册第一单元《我们共同的世界》第一课《同住地球村》第一框"开放互动的世界"第三目"共享多样文化"）。

2.为增加文化积淀，提高学生文化品位，让民间艺术得以传承和发扬，新寺学校开设了"手狮舞"校本特色课程。"手狮舞"入选区级星级特色课程和社会健身项目，深受广大师生喜爱。

二、活动目标

1.通过参观基地、体验技巧、欣赏成果等方式弘扬优秀传统文化，在传承非遗文化中具备正确的自我认知，培育积极的思想品质和健康的生活态度。

2.通过学校周五拓展课、周六乡村少年宫等活动让学生以听、看、说、练、演等方式感受非遗文化——"手狮舞"的精神内涵。

三、活动实施条件

2014年，新寺学校把手狮舞定为校本课程，并纳入学校拓展课程，组建学生手狮队，聘请民间老艺人和辅导员手把手给学生传授舞狮技巧。同时，新寺学校还专门配备了手狮房，表演所需的服装、道具、音乐等都得到了学校、政府的大力支持，社团的经费也得到保证。

四、过程与要求

（一）活动准备阶段

1.活动对象：七、八年级学生。

2.活动时间：周五拓展课活动，周六乡村少年宫活动。

3.活动准备。

（1）学生根据活动要求分组（大手狮组、小手狮组、绣球组）在基地手狮房、小操场、各类舞台进行实地学习、排练、展演。

（2）聘请市级非遗文化传承人；组建学校手狮舞团队。

（3）手狮舞道具（大手狮、小手狮、绣球）、服装、音乐。

（4）教师准备各项评比的方案和标准。

（二）方案实施阶段

1.第一部分，走进手狮。

（1）了解手狮舞历史，听一听。

同学们走进推广基地，听基地辅导员讲解手狮舞发展历史。新寺手狮舞起源于同治年间，距今有一百余年。遗憾的是，1956年到2000年，新寺手狮舞一度沉寂。2006年新寺骑塘村朱少明等人自制手狮后，引起了社会各界的重视。2014年，新寺学校把手狮舞定为校本课程，并纳入学校拓展课程，组建学生手狮队并成立新寺学校手狮社团，聘请民间老艺人和辅导员亲手给学生传授舞狮技巧。

（2）感悟手狮舞文化，写一写。

你觉得可以用哪些措施来保护手狮文化？写一封信给柘林镇有关部门，提一提你的建议。

（3）了解手狮舞艺人，访一访。

如果你是小记者，有一个采访手狮舞艺人的机会，你会提什么问题呢？

请你列出采访提纲：

①_____

②_____

③_____

（4）了解手狮舞道具和音乐，找一找。

①仔细观察大、小手狮的照片，它们除了体型上有所区别，还有哪些不同之处呢？

_____

_____

②请你寻找适合手狮舞表演的音乐，将它们推荐给手狮队的老师。

我推荐的音乐名：《_____》《_____》《_____》……

2.第二部分，舞动手狮。

（1）观赏"手狮舞"动作技巧。

大手狮基本动作：猛狮下山、原地打桩、双狮戏珠、四狮争雄、狮子绕围、狮子翻身、狮子舔毛、狮子抢绣球……

小手狮基本动作：跳跃、伸脖、八字舞、马步、原地转、叠罗汉……

（2）体验"手狮舞"动作要领。

心动不如行动，赶紧毛遂自荐，报名体验手狮舞动作技巧。

（3）练习"手狮舞"动作技巧。

同学们，大狮子的动作你学会了吗？和小伙伴们彼此配合，操练一下。

手狮舞动作技巧评价表

指　标	自　评	互　评
学习态度（10分）		
动作准确度（10分）		
身体协调性（10分）		
团队合作（10分）		
节奏感（10分）		
总分（50分）		

（4）讨论"手狮舞"动作要领。

同学们，学了这么多，你觉得哪一个动作最难？思考下怎么把这个动作做得更好，如果你反复摸索还是感觉困难重重，那就主动问一问手狮队的师傅或指导老师。请教之后，你是不是有了新的感受？请和大家分享一下。

对于_____这个动作，我的感受是：_____

（5）设计"手狮舞"创意队形。

请与小伙伴们协商合作，看看你们能否设计出更有创意的队形。尝试把队形画下来，推荐给手狮队的指导老师。

队形一：

队形二：

3.第三部分，欣赏手狮。

（1）欣赏推广基地手狮舞学员训练成果（PPT、视频）。

（2）观摩推广基地手狮舞学员展演（现场）。

（3）采访推广基地手狮队的老师和队员。

我是非遗传承人

非遗传承人(王正荣):(教学心得)

手狮舞辅导员(马国平):(教学心得)

队员1:(学习心得)

队员2:(学习心得)

队员3:(学习心得)

……

(三)交流总结阶段

社会实践活动结束后，各小组归纳总结学习手狮舞的心得体会，并进一步讨论作为中学生应如何保护非物质文化遗产，整理出相应的文字稿于班级内进行展示交流。

五、评价方法与标准

本次社会实践活动评价分为综合性评价、过程性评价两部分。

1.基于本次活动教师可采用项目评价方法，对学生的学习探究或实践活动进行综合性评价。可从参与态度的投入程度、知识掌握、方法运用、合作精神、思想认知等方面对学生进行综合性评价。

传承"非遗文化"综合性评价表

评价内容	学生自评	小组评价	教师评价	综合评价
参与态度				
知识掌握				
方法运用				
合作精神				
思想认识				

2.从知识与技能、过程与方法、情感态度与价值观等方面对学生进行过程性评价。

传承"非遗文化"过程性评价表

大项	小项	得分
知识与技能 (30分)	基本动作(抽测3个基本动作,熟练2分/个,生疏1分/个,不会不加分,最高6分)	
	连贯动作(能做到正确、规范得4分,不能做到,酌情减分)	
	配套动作(根据提示,能加配套动作且有丰富的表情可得5分)	
	舞台展示(15分)	
过程与方法 (31分)	课堂上认真听课,不做小动作(8分)	
	能够大胆尝试表演(8分)	
	担任小教练、小老师(10分)	
	参与节目展演并获得表演奖(5分)	
情感态度与价值观(39分)	热爱传统文化(8分)	
	尊敬民间老艺人、辅导老师(8分)	
	与同学友好相处、快乐合作(同学互评,平时观察)(8分)	
	遵守校园规范(8分)	
	学习态度认真(7分)	
总分(100分)		

六、小结

本次实践活动借助了学校资源和本区域资源进行活动设计,利用非遗文化传习基地这一载体发挥作用。学生通过走访、观摩、参与、采访、讨论、感悟等方式践行"我是非遗传承人",弘扬非遗文化。这次社会实践活动在学生娱乐、健身的同时,培育学生的健全人格,帮助他们正确认识自我、学会学习、学会生活、学会合作,养成积极的心理品质,提高适应社会、应对挫折的能力。学生们感受祖辈的智慧和民间艺术的独特魅力,让新寺手狮的艺术生命长盛不衰。

第三章　指向法治观念素养培育的实践教学案例设计

　　《义务教育道德与法治课程标准（2022年版）》中指出，法治观念是指树立宪法法律至上、法律面前人人平等、权利义务相统一的理念，使尊法学法守法用法成为人们的共同追求和自觉行为。

　　法治观念是现代社会公民的核心素养之一，是公民对法治认识、崇尚和遵循的思想理念与价值取向。培育学生的法治观念，帮助学生形成法治信仰和维护公平正义的意识，做社会主义法治的忠实崇尚者、自觉遵守者、坚定捍卫者，需要教师引导学生对法治有理性的认识和了解，让学生知晓法律对自己、社会和国家发展的保障作用，需要学生积极参与法治实践，不断培养法治情感。

　　在道德与法治课教学中，通过社会实践活动来培养学生的法治观念，是一种富有成效的教学方法。结合本地实际和法治需求，探索创新形式和内容，设计具有针对性和实效性的社会实践活动，可以提升学生的参与度和体验感。例如，可以组织学生参观法院、检察院等司法机构，通过案例分析，了解司法程序和司法制度；可以开展模拟法庭活动，让学生亲身体验法律实践；还可以组织学生进行法治宣传、法律援助等公益活动，培养学生的社会责任感。通过社会实践活动能够使学生更加直观地了解法治，从而增强法治教育的实效性。

在设计指向培育法治观念的社会实践教学活动时，教师要关注以下要求。第一，明确法治教育目标，强化法治观念培养意识。教师要确定法治实践活动设计与实施的具体目标和要求，使法治实践活动具有明确的素养指向。第二，引导学生自主参与，发挥主体作用。教师要引导学生自主参与、自主探究，鼓励学生结合实际设计法治实践活动方案，提出自己的见解和想法；指导学生进行调查研究，促进思想交流和碰撞。第三，加强与社会各界的合作，共同推进法治教育。学校可以与当地法院、检察院、律师事务所等法律机构建立合作关系，共同开展法治实践活动。第四，建立科学的评价机制。评价机制应注重对学生法治观念培养的过程和结果的考核，体现激励性，对于在活动中表现出色、法治观念培养成果显著的学生给予奖励和表彰，以激发学生的学习热情和积极性。

社会实践活动可以有效地培养学生的法治观念，提高道德与法治课的教学质量，促进学生的全面发展。教师要不断总结经验，优化社会实践活动设计，以适应时代对法治教育的要求。

案例 1

向外来物种入侵说"不"的社会实践活动方案

上海市奉贤区弘文学校　王艳

一、学科知识链接

1.履行维护国家安全的义务（统编版教材《道德与法治》八年级上册第四单元《维护国家利益》第九课《树立总体国家安全观》第二框"维护国家安全"）。

2.自觉履行法定义务（统编版教材《道德与法治》八年级下册第二单元《理解权利义务》第四课《公民义务》第二框"依法履行义务"）。

3.法治的要求（良法善治）；全面依法治国必须坚持厉行法治（统编

版教材《道德与法治》九年级上册第二单元《民主与法治》第四课《建设法治中国》第一框"夯实法治基础"、第二框"凝聚法治共识"）。

二、活动目标

1.通过对真实案件的分析，了解《中华人民共和国生物安全法》《外来入侵物种管理办法》等法律法规，感受法治的发展及其对我们社会生活的影响与意义，认同中国法治建设取得的进步，认识到法治应当是良法与善治的有机结合。

2.通过对相关法律法规的学习，积累生物安全相关法律知识，知道每个公民都应严格遵守有关国家安全的法律规定，积极履行维护国家安全的法定义务，在认识到依法履行义务关乎社会进步与国家发展的基础上，进一步增强法律意识，提升法治观念素养。

3.通过考察寻访、资料收集等活动，加强收集和处理信息的能力，培养辨识现实生活中危害国家安全行为的能力以及人际交往的能力，扩展视野，学以致用。

4.通过制作公益图鉴手册，认识到建设法治中国，需要每一位社会成员的参与，在尊法学法的同时，能够选择恰当的途径和方法参与法治实践，成为法治教育的宣传者，法治思想的传播者，成为营造法治文化环境、构建法治社会的重要力量。

5.通过小组活动，强化团队合作意识，增强社会责任感，认识到维护国家安全，人人可为，切实提高维护国家安全的意识。

三、活动实施条件

本次社会实践活动通过"以案释法"的方式，借助上海市农业科学院以及学生社会生活中较常见的花鸟市场、律师事务所、图书馆等地作为活动资源，围绕案件事实、法律适用等问题进行释法说理、开展法治宣传教育活动。

四、过程与要求

（一）活动准备阶段

1.活动对象：九年级学生。

2.活动时间：4周。

3.活动准备：组建活动小组（学生自行组成6—8人的活动小组），自定小组名称，自选小组组长并进行初步分工。

（二）方案实施阶段

1.新闻导入。

2022年10月21日，珠海拱北海关发现一客车藏匿走私2017只活体龟进境，分别为巴西红耳龟2015只、刀背麝香龟2只，均为外来物种。海关缉私部门已对该案刑事立案。

（出示巴西龟图片），交流：你见过巴西龟吗？在哪里见到的？

思考交流：小小一只巴西龟为什么会涉及刑事犯罪？

补充资料：巴西龟又称"红耳龟"，原产于美国中南部。巴西龟的环境适应能力强，生长速度快，捕食凶狠，是世界公认的"生态杀手"，被世界环境保护组织列为最具破坏性的物种之一，我国也将它列为外来入侵物种。由于巴西龟外形可爱、极易饲养，有些人买来当成宠物饲养，但如果将其放到野外，巴西龟一旦进入江河、湖泊，就会与本地龟抢夺食物，严重威胁本地龟及相关物种的生存，对原有生态链造成极大破坏。

小结：生态安全乃至整个国家的安全与我们每个人的行为有着密切的联系。维护国家安全是全国各族人民的根本利益所在，也是法律要求我们履行的义务，是我们共同的责任。

思考：走私活体龟被刑事立案的法律依据是什么？我们能做些什么？

2.分组活动。

各小组根据实际情况选择开展考察活动并完成考察任务。

（1）可选择考察任务。

任务一：前往上海市农业科学院（奉贤区金齐路1000号），了解巴西龟对当地农林经济发展的影响，国家对此制定的相关法律法规。

任务二：前往区域内的律师事务所，咨询该案刑事立案的法律依据。

任务三：通过网络和图书馆查找与该案相关的法律文件。

任务四：前往区域内花鸟市场，须提前制作访谈提纲和调查问卷，进行实地考察，了解民众对饲养、贩卖、弃养巴西龟的态度以及民众对相关法律法规的了解情况。

（2）完成考察任务并做好考察记录。

考察记录表

考察地点	
考察方式	
考察过程	
考察结论	
佐证材料	（访谈记录、问卷样张、问卷数据、照片等）

3.集中交流。

各小组进行资料的整理、汇总，形成一份总结报告并制作成PPT在课堂上进行交流，教师进行适当的总结和点评。

（1）根据《中华人民共和国生物安全法》规定，任何单位和个人未经批准，不得擅自引进、释放或者丢弃外来物种。

（2）根据《中华人民共和国禁止携带、寄递进境的动植物及其产品和其他检疫物名录》规定，除犬、猫（具有输出国家或地区官方机构出具的动物检疫证书和疫苗接种证书的犬、猫等宠物，每人仅限携带或分离托运一只）以外的所有活动物未经我国有关行政主管部门审批许可，禁止携带、寄递进境。

（3）根据《外来入侵物种管理办法》，外来入侵物种管理是维护国家生物安全的重要举措，应当坚持风险预防、源头管控、综合治理、协同配合、公众参与的原则。海关应当加强外来入侵物种口岸防控，对非法引进、携带、寄递、走私外来物种等违法行为进行打击。对发现的外来入侵物种以及经评估具有入侵风险的外来物种，应依法进行处置。

教师过渡：小巧的巴西龟是危险的外来入侵物种之一，如今却成为市民热衷的流行宠物。当前，伴随着《外来入侵物种管理办法》的发布，我国防范外来物种入侵已经有法可依。但无论是购买者还是销售者，都没有认识到巴西龟对环境产生的巨大危害，也不知道随意放生、弃养等行为已涉及违反相关法律。对此，我们能做些什么呢？

学生通过交流讨论，制作《外来入侵物种图鉴》手册，帮助群众了解、辨识身边存在的外来入侵物种及其危害，做到不随意引进、不盲目放生、及时向有关部门反映处理等，以实际行动共同守护我们的美好家园。

4.制作与宣传《外来入侵物种图鉴》手册。

（1）资料收集。各小组通过网络搜索、向任课老师咨询等方式，了解上海地区存在的外来入侵物种以及造成的危害。

（2）实地考察。各小组根据前期收集的资料，前往附近的花鸟市场、公园绿地、乡村农田等，实地考察较为多见的外来入侵物种，以拍照、绘画等方式记录物种特征及其被发现的区域。

（3）制作手册。首先，全班统一图鉴格式要求：32K纸张，横版放置，左侧为照片或手绘图片，右侧为文字介绍，主要包括外形特征、生活习性、常见危害、处理方法等信息。随后，各组交流讨论，分别完成部分图鉴的制作。最后，整合成一本完整的《外来入侵物种图鉴》手册，并将其转换成电子版后，通过网络方式（地区论坛、朋友圈等）进行宣传。

五、评价方法与标准

本次社会实践活动评价以过程性评价为主，目的在于激发学生的学习兴趣，提高学习的信心，在活动过程中培养学习能力。

1.团体评价。

以小组互评和教师点评相结合的方式，对小组进行整体评价，培养学生的合作意识和团队精神。

2.个体评价。

每一位小组成员在活动过程中进行评价表记录，并在社会实践完成后进行自评、互评和组长评。

社会实践活动评价表

活动环节	主要任务	自评等级	互评等级	组长评价等级
小组考察				
汇报交流				
法治宣传				
手册制作				

评价等级：

五星：在团队中表现突出，能在团队实践活动过程中发挥重要作用；能帮助团队完成实践活动既定目标；能很好地团结成员并进行有效沟通与合作。

四星：在团队中偶尔有突出表现，能认真完成自己的任务；能较好地与小组成员进行沟通、交流与合作。

三星：在团队中无突出表现，但可以按时完成自己的任务；能与小组成员进行沟通、交流与合作。

二星：在团队中不积极完成任务，但能与小组成员进行沟通、交流与合作。

一星：在团队中不能按时完成任务；与小组成员不能很好地进行沟通、交流与合作。

六、小结

近年来，因外来物种入侵造成的生态危害频发，此类问题日益受到人们的重视。2022年8月1日，《外来入侵物种管理办法》正式实施，我国防范外来物种入侵有法可依。本次实践活动即以此为切入点，通过对真实案件的分析，借助上海市农业科学院以及生活中较常见的花鸟市场、律师事务所、图书馆等资源，利用多种社会考察方式来满足学生个性化的需求。通过资料查阅、咨询、访问等方式了解《中华人民共和国生物安全法》《外来入侵物种管理办法》的制定和实施情况，能让学生感受法治中国的脉搏，感受法治的发展及对我们社会生活的影响与意义，认同中国法治建设取得的进步，认识到法治是良法与善治的有机结合。

通过前期资料的收集和学科相关知识的整合，学生能认识到防止外来物种入侵事关国家生物安全和生态安全。在了解了本区域外来物种入侵的实际情况及相关法律规定后，学生深化对自觉履行法定义务的认识，并产生思考：法治是防治入侵物种的有力武器，除了相关部门依法依规进行处理外，还需要加强宣传教育与法治普及。所以制作《外来入侵物种图鉴》手册，能帮助群众了解、辨识身边存在的外来入侵物种及其危害，在发现外来入侵物种时采取积极有效的措施，以实际行动共同守护我们赖以生存的美好家园。

通过此次社会实践活动，学生增强了团队合作意识，提高了资料收集和整理、数据分析和处理、人际沟通和交往的能力，在参与社会活动的过程中养成亲社会行为，树立责任意识，积极服务社会，奉献社会。

案例 2

真实生活视域下培养法治精神的社会实践活动方案
——以"法治精神伴我行，居民公约促和谐"项目化学习为例

上海市奉贤区平安学校　周静

一、学科知识链接

1.自由的内涵、意义；自由与法治的关系；平等的两层含义；"法律面前人人平等"的主要内涵；追求自由平等的主要措施（统编版教材《道

德与法治》八年级下册第四单元《崇尚法治精神》第七课《尊重自由平等》第一框"自由平等的真谛"、第二框"自由平等的追求")。

2.公平的含义、内涵及重要价值；正义的内涵和价值；守护公平、正义的方法和途径（统编版教材《道德与法治》八年级下册第四单元《崇尚法治精神》第八课《维护公平正义》第一框"公平正义的价值"、第二框"公平正义的守护"）。

二、活动目标

1.通过调查小区情况，开展交流讨论、作品展示、介绍等活动，提高信息收集与整理能力、交流与沟通能力。

2.了解居民自治公约生效的法律程序，知道"公约"的组成和撰写方式，并以小组为单位进行撰写。

3.通过对真实情境的探讨，探究法治精神的内涵和价值，理解法治是实现自由平等、公平正义的保证；尊重自由平等，维护公平正义，是法治的价值追求。感受法治精神对于国家、社会和个人的重要意义。

4.在对小区中真实复杂情境的分析与评价过程中，激发主人翁意识和担当精神，从而促进责任意识、公共参与能力的提升。

5.通过对情境中两难问题的辨析，发展透过现象看到问题本质的能力，提升批判性思维和科学精神，成长为独立思考不盲从、立场正确有主见的小公民。

6.通过自主梳理项目化学习的问题解决路径，在项目任务实施的过程中比照之前梳理的路径，判断项目实施过程中的任务完成的质量和有效性，不断调整和优化问题解决路径以及实施策略，促进元认知能力的发展和学习能力的提高。

三、活动实施条件

本次社会实践活动结合了学生在日常生活中熟悉的真实问题——小区居民在共建和谐家园中的自我管理。学生调查自己小区在居民自治中存在的问题和做得好的方面，在此基础上自主确立本次活动的任务——制订一份小区居民自治公约。由于居民自治的范围比较宽泛，因此，每个小组可以就小区居民自治中的某一方面制订公约。另外，本次活动需借助钉钉软件作为学生之间、师生之间的沟通交流平台，借助微信、问卷星等软件作为信息收集与处理的平台。

四、过程与要求

（一）活动准备阶段

1.活动对象：八年级学生。

2.活动时间：3周。

3.活动准备。

（1）教师提前下发调查表模板，供学生收集资料时参考。

（2）教师确定评价的标准和维度，制订过程性评价和总结性评价表。

（二）方案实施阶段

1.自主调查，发现问题。

在活动开展之初，学生对自己小区中的现象做调查，并对关键信息及时进行记录。调查完成后，对自己调查的情况进行分享。

2.明确任务，梳理路径。

学生们在分享调查成果后，讨论并自主确定本次活动实施过程中需要解决的任务，并梳理任务的解决路径。学生在完成活动任务的过程中，可以比照之前梳理的解决路径，判断活动实施过程中任务完成的质量和有效性，并不断调整和优化解决路径和实施策略，最终形成成果。

3.分组建群，小组讨论。

教师预先收集每位学生的居住信息，将居住在同一小区或情况相似小区的学生集中分在同一小组。然后每个小组民主推选出组长。每位组长借助钉钉教学平台建立小组群，组长在建群时，把教师拉进小组群，方便教师及时督促与指导。教师根据学生调查问卷中反馈的典型现象提炼学生讨论的情境。

4.思维碰撞，素养提升。

每个小组对情境进行分析与讨论后，分享小组的讨论成果。教师引导学生对情境中的一些两难问题进行重点探讨。通过理性、科学、深入地思辨与探究后，使学生认识到生活中的一些现象的不合理之处，引导学生以法治精神理性分析问题，既能帮助学生透过现象看到本质，也能为居民自治中各方利益的协调提供较好的解决思路。

5.合作撰写，完善成果。

通过前期资料收集，学生了解了"公约"应用文体的知识与撰写方法、确定了公约撰写的框架，然后以小组为单位进行讨论与撰写，形成小区居民自治公约初稿，小组成员根据评价量表进行自我评价。各小组以多媒体的形式展示公约初稿，其他小组依据量表进行点评，并提出具有可操作性的建议，教师进行指导并提出意见建议。各小组根据建议完善公约内容，形成最终成果。

（三）交流总结阶段

各小组完成自治公约的撰写后，需进一步探讨小区居民自治公约生效的法定程序、投放渠道、张贴位置等。可以邀请居委会代表及居民代表进行评价并提出建议，师生共同根据评价量表选出最符合要求的作品。各小组派出一名代表对最终成果进行简单介绍。学生对本次实践活动进行回顾，提出优化建议，教师进行总结。

社会实践活动流程表

活动时间	活动内容
活动前期	对自己所在小区的情况展开调查
	分享调查报告,确定项目任务
	划分项目小组并组建项目小组群
	讨论并形成项目实施路径
	商讨并制订评价量表

续　表

活动时间		活动内容
活动中期	感悟精神	分小组对情境案例进行分析,以关键词记录
		各小组分享讨论结果,感受法治精神的真谛
	实践体验	学习"公约"的基本知识和撰写方式
		以小组为单位分工合作完成公约初稿
		从语言组织和版面编辑等方面完善公约
活动后期	生效与投放	探究公约生效的程序
		探讨公约的投放渠道和张贴位置
	评价与反思	邀请小区居委会人员和部分居民代表做评价、提建议
		以小组为单位展示成果,师生共同做出评价
		学生对本次活动进行评价,教师总结

五、评价方法与标准

本次活动坚持素养导向、坚持以评促学、坚持多主体评价,重视表现性评价。对学生法治素养的提升情况进行评价,兼顾学生学习态度、参与学习活动的程度以及对课程内容的理解应用水平,着重评价学生在活动过程中表现出来的法治观念和在真实情境与任务中运用书本知识分析问题、解决问题时所表现出的法治素养水平。

1.对小组成员的评价:自我评价、组内互评和教师评价相结合。

2.对小组和公约成果的评价:本组自评、组间互评和教师评价相结合。

评价表

评价项目		评价指标	评价结果		
			自评	组内/间互评	教师评
过程性评价	小组成员	①善于倾听,并给出回应 ②积极讨论,思路清晰,表述清楚完整 ③乐于合作,愿意承担团队角色和责任,能共享资源 ④不懂时坚持思考或寻求帮助,不放弃,能保持平稳的情绪			
	小组	①小组分工明确,成员们善于合作 ②每位组员都参与活动,有所承担 ③组员间沟通交流顺畅 ④能以合作的形式在时间节点前完成各项任务			
总结性评价	公约成果	①公约内容有体现对法治精神的追求 ②公约内容科学合理,有建设性,有操作性 ③公约内容角度全面、语言简练,通俗易懂 ④公约作品有创新性,是原创作品 ⑤公约作品有视觉美感,整体设计好			

(注:评价结果分A、B、C、D四级。其中,达成三项及以上指标为A级;达成两项指标为B级;达成一项指标为C级;未达标为D级。)

六、小结

本次活动基于问题解决的理念,引导学生在面对真实的、复杂的社会生活情境时,能够综合运用知识、经验、技能来分析情境、提出问题并解决问题。因此,在资源设计、活动设计、巩固任务设计中,都十分注重学生解决问题能力的培养和高阶思维能力的锻炼。

在资源设计中,选择了具有学生视角、现实价值的现象,以学生自己所在小区为调查对象,调查小区居民生活中违背法治精神的各种现象。学生通过自己的采访和调查，收集信息并分享信息，对学生而言更具说服力和真实性，激发了学生的参与兴趣。

在活动设计中，设计了能体现小组合作讨论分析情境的课堂环节，即引导学生在对真实问题的思辨中提升高阶思维能力。强调真实情境下对知识的理解与应用，注重知识的自主生成和实践应用，凸显对法治观念素养的培育。

在巩固任务设计中，设计了能强化知识迁移能力的活动式任务——为了使我们的生活和学习更加温馨、充实，请为班级制订一份"学生自治管理公约"。该任务指向知识迁移和运用能力的培养，是巩固学生素养的重要环节。活动的设计和推进立足于与学生日常生活紧密相关的真实情境，创设具有真实生活价值的驱动性问题，能帮助学生开阔视野，激发探究思考的兴趣和实践创新的动力，让学生在解决真实问题的过程中实现知行合一。

案例 3

亲历模拟法庭，争做守法公民的社会实践活动方案

上海市奉贤区实验中学　诸婧祎

一、学科知识链接

1.生活需要法律；法律的特征及作用（统编版教材《道德与法治》（五·四学制）七年级全一册第四单元《走进法治天地》第九课《法律在我们身边》第一框"生活需要法律"，第二框"法律保障生活"）。

2.学会依法办事（统编版教材《道德与法治》（五·四学制）七年级全一册第四单元《走进法治天地》第十课《法律伴我们成长》第二框"我们与法律同行"）。

3.违法行为的类别；罪与罚；遇到侵害，依法求助（统编版教材《道

德与法治》八年级上册第二单元《遵守社会规则》第五课《做守法的公民》第一框"法不可违"、第二框"预防犯罪"、第三框"善用法律"）。

4.人民法院的职权（统编版教材《道德与法治》八年级下册第三单元《人民当家作主》第六课《我国国家机构》第五框"国家司法机关"）。

5.守护正义（统编版教材《道德与法治》八年级下册第四单元《崇尚法治精神》第八课《维护公平正义》第二框"公平正义的守护"）。

6.厉行法治（统编版教材《道德与法治》九年级上册第二单元《民主与法治》第四课《建设法治中国》第二框"凝聚法治共识"）。

二、活动目标

1.通过查阅资料，了解罪与罚；明确法律维护社会秩序，保障公平正义，为我们的生活保驾护航。

2.通过研究性学习活动，加强收集和处理信息的能力，增强运用知识发现问题、分析问题和解决问题的能力，提升语言表达能力。

3.通过模拟法庭实践，磨炼知难而进的意志品质，强化团队合作意识，增强社会责任感，养成尊法学法守法用法的法治观念，加深对国家共建共享公平正义的美好社会的认同感。

三、活动实施条件

本次社会实践活动结合了特色资源——模拟法庭，学生通过实践探究活动亲身参与司法案例，了解司法案件的推进过程，增强社会责任感，养成尊法学法守法用法的法治观念。借助特色资源有助于学生更便利地开展本次社会实践活动，也更有助于学生理解教材知识内容。

四、过程与要求

（一）活动准备阶段

1.活动对象：九年级学生。

2.活动时间：2周。

3.活动准备。

（1）学生根据探究专题分为四个小组，各小组在老师或法治副校长的帮助下与实践单位负责同志联系，进行庭前调查活动准备工作。

（2）各小组通过网上检索和教师下发的资料，收集相关法律法规资料，为完成小组报告文档做好准备。

（3）教师准备评比方案，确定优秀"小法官"、优秀"辩护人"、优秀"公诉人"等的评价标准。

4.探究专题。

本次社会实践旨在通过模拟法庭，让学生探究：

（1）庭审程序。

（2）公民依法维权的方式。

（3）运用法律维护合法权益的方式。

（4）司法机关的性质及职权。

（二）方案实施阶段

1.分组分工。

第一组审判组（审判长、陪审员、书记员）：主要负责送达法律文书、熟悉诉讼程序、编写庭审提纲、制作判决状。第二组公诉组（公诉人、附带民事诉讼代理人）：主要负责撰写起诉状、公诉词，模拟收集相关证据，并查阅法律法规和文献资料。第三组辩护组（辩护人）：主要负责撰写辩护词、模拟收集相关证据、查阅相关法律法规。第四组综合组（被告人、被害人、证人、法警等其他诉讼参与人）：主要负责参与法庭审理。为了使学生自主学习，全员参与，动员学生自愿结组，让学生通过合作和分享获得知识，提升能力，不断提升学习兴趣。

2.选取庭审案件。

模拟法庭成功的第一步是庭审案件的选取。为了充分调动学生的主观能动性，安排学生以"小记者"的身份讲述《今日我说法》，介绍一个案件并进行评析。这些案件由学生搜集、整理，涉及交通事故、医患纠纷、婚姻家庭、盗窃抢劫、故意杀人、民事赔偿等方面。教师从中选取既贴近学生生活实际，又符合教材中相关内容要求的案件进行分析。本次选取的庭审案件的背景是：初一学生汪洋在上学途中被无业青年张琪强行索要30元钱，张琪恐吓汪洋如果告诉老师和家长，将会再一次拦截他要钱。汪洋找表哥汪磊为其出头，教训张琪。汪磊伙同李俊晖在路上截住张琪，李俊晖持刀威胁，二人从张琪身上搜出110元钱。张琪反抗并想逃跑，李俊晖刺中张琪腰部后，与汪磊逃离现场。

3.确定模拟法庭组成人员。

这是一起刑事案件，需要审判长1人、人民陪审员2人、书记员1人、公诉人2人、刑事附带民事诉讼代理人1人、辩护人1人、证人1人、被告1人、法警2人。在学生自愿报名的基础上，通过竞争上岗的办法，选出几名态度积极、端正，具有较强的辨别、判断能力，心理素质较好的同学。尤其是审判长，不仅要有自信，还要有一定的控场能力。

4.模拟法庭审理。

在开庭审理案件过程中，学生从自身角色出发参与法庭审理。

（1）审判组：审判长组织庭审活动，主持合议庭对案件进行评议，做出裁判。陪审员审阅所陪审案件的材料，参加案件调查、合议庭开庭审理案件或案件的调解、案件评议。书记员担任审判庭的记录工作并办理有关审判的其他事项。

本组学生采用采访学习、实地调研、查阅相关法律的方式，了解模拟法庭的庭审过程，明确自身职责，学习掌控模拟法庭的节奏、维持模拟法庭秩序的方法，综合运用法律条文做出裁决。通过实践得出结论：人民法院在司法活动中，必须坚持以事实为根据、以法律为准绳，依法独立公正行使审判权，不受行政机关、社会团体和个人的干涉。人民法院对公民权利提供有效救济和保障，捍卫社会公平正义。

（2）公诉组：公诉人代表人民检察院出席法庭支持公诉，进一步阐述公诉机关的指控意见，并通过举证、质证和辩论，使合议庭确认公诉机关对被告人的指控，依法宣判被告人有罪并处以相应的刑罚，公诉人还肩负着监督法庭审理案件有无违反法律规定的重要职责。刑事附带民事诉讼代理人依据事实和法律，维护附带民事诉讼当事人的诉讼权利和其他合法权益。

本组学生可采用查阅资料（警方笔录）、实地调研的方式搜集多方物证，力求借助扎实的证据材料使合议庭确认对被告人的指控，依法宣判被告人有罪并处以相应的刑罚。通过实践得出结论：人民检察院通过行使检察权，追诉犯罪，维护国家安全和社会秩序，维护个人和组织的合法权益，维护国家利益和社会公共利益，保障法律正确实施，维护社会公平正义，维护国家法制统一、尊严和权威，保障中国特色社会主义建设的顺利进行。其工作人员必须忠实于事实真相，忠实于法律，忠实于社会主义事业，全心全意为人民服务。

（3）辩护组：辩护人帮助犯罪嫌疑人、被告人行使辩护权以维护其合法权益。在庭审过程中，辩护人需根据事实和法律，提出证明犯罪嫌疑人、被告人无罪、罪轻或者减轻、免除其刑事责任的材料和意见，维护犯罪嫌疑人、被告人的合法权益。

本组学生可以通过查阅法律条文、走访调查的方式进行有针对性的实践活动，并通过撰写辩护词、模拟收集相关证据、查阅相关的法律法规，得出结论：我们要积极运用法律维护自身合法权益，增强法治观念。

（4）综合组：被告人准备最后陈述；法警警卫法庭，维护审判秩序；证人如实作证，回答审判人员、公诉人就其所作的证人证言提出的问题。

本组学生可采用职业体验的方式进行有针对性的实践活动，通过参与法庭审理得出结论：我们要敬畏法律，增强法治观念，做一个自觉守法的人。我们要从小事做起，避免沾染不良习气，自觉遵纪守法，防患于未然。

（三）交流总结阶段

在模拟法庭实践活动结束后，各小组进行复盘，总结庭审过程中自己小组的优缺点并形成一份总结报告，制作PPT在课堂上进行展示、交流。每一位成员就本次社会实践活动的法庭审理过程，结合法治中国建设以及自己的法治观念谈谈感想，这项活动将作为社会实践活动的评价之一。

五、评价方法与标准

本次模拟法庭社会实践活动评价分为两个部分。

1.过程性评价。

每一位小组成员在活动过程中进行评价表记录，并在模拟法庭活动完成后进行自评、互评和组长评。每个团队中，A级占比15%，B级占比70%，C级占比15%。

模拟法庭活动评价表

角色_____ 等级_____

项目	活动态度 端正认真	庭审程序 合法规范	法律运用 准确透彻	语言表达 流畅严密	争议焦点 准确清晰	裁判结果 圆满充分
自评						
互评						
组长评						

评价等级：

A：在团队中表现突出，能在团队实践活动过程中发挥重要作用，帮助团队完成实践活动既定目标；能很好地团结成员并进行有效沟通与合作；在模拟法庭活动中发挥重要作用。

B：在团队中无突出表现，但可以按时完成自己的任务；能与自己小组成员进行沟通、交流与合作；能辅助小组完成模拟法庭活动。

C：在团队中不积极完成任务；与小组成员不能很好地进行沟通、交流与合作；没有参与模拟法庭的相关任务。

2.总结性评价。

在模拟法庭活动结束后，每一位成员就本次模拟法庭审理过程，结合法治中国建设以及自身法治观念谈感想。教师和学生根据每位成员的表现作出评价。

评价等级：

A：能有效整合四个小组的交流内容；能结合教材知识点对模拟法庭过程进行有效点评；能将活动内容升华至对法治中国建设的认同与自信，并结合自己的法治观念具体谈感想。

B：能整合四个小组的交流内容；能结合教材知识点进行点评；能简单地进行主题升华。

C：不能整合四个小组的交流内容；未结合教材知识进行点评；未进行主题升华。

教师将两次评价结果整合，给出最后的综合评价结果。同时，评选出优秀"小法官"、优秀"辩护人"、优秀"公诉人"。

六、小结

本次实践活动借助了特色资源——模拟法庭进行活动设计，从模拟法庭庭审过程出发，帮助学生了解庭审程序，明确审判长、公诉人、辩护人的使命与担当，提升了学生对司法机关的性质及职权的认识，进一步增强学生尊法学法守法用法的法治观念。借助特色资源开展学生实践活动，不仅能提升他们的信念感和积极性，而且在最后的总结性评价时能引发学生更深的思考和更强的共鸣，使这次社会实践更加有意义。

为了收集资料，同学们会查阅大量的法律条文，如《中华人民共和国刑法》《中华人民共和国刑事诉讼法》《中华人民共和国治安管理处罚条例》等。这一过程不仅锻炼了学生的阅读能力、快速查找资料能力等，提高了分析、判断、综合、辩论能力，也使学生在语言表达、表情动作等方面的素质都有不同程度的提高。

通过参与模拟法庭庭审过程，学生亲身体验感知"法庭审判"，明确"以事实为依据，以法律为准绳"的原则，从而知法用法，自觉遵纪守法，成为社会主义法治的忠实崇尚者、自觉遵守者、坚定捍卫者。

案例 4

网络不是法外之地，共建文明网络环境的社会实践活动方案

上海市奉贤区西渡学校　范思晴

一、学科知识链接

1.理性参与网络生活（统编版教材《道德与法治》八年级上册第一单元《走进社会生活》第二课《网络生活新空间》第二框"合理利用网络"）。

2.权利义务相统一（统编版教材《道德与法治》八年级下册第二单元《理解权利义务》第四课《公民义务》第二框"依法履行义务"）。

3.法治与自由的关系（统编版教材《道德与法治》八年级下册第四单元《崇尚法治精神》第七课《尊重自由平等》第一框"自由平等的真谛"）。

二、活动目标

1.通过查阅资料，理解恪守道德、遵守法律是网络生活的基本准则。公民要提高媒介素养，理性参与网络生活；明确公民既是合法权利的享有者，又是法定义务的承担者。任何权利都是有范围的，自由和权利的实现不能触碰法律的红线。

2.通过研究性学习活动，增强收集信息、分析信息的能力，发现问题、解决问题的能力以及人际交往的能力。

3.通过小课题研究，强化小组合作意识，增强社会责任感，树立网络安全意识，加强公民在网络生活中也应自觉守法、遇事找法、解决问题靠法，以及守法光荣、违法可耻的法治意识。

三、过程与要求

（一）活动准备阶段

1.活动对象：八年级学生。

2.活动时间：2周。

3.活动准备。

（1）学生根据分组及活动场所的不同，可在老师的帮助下与西渡派出所等单位负责同志联系，进行访谈、宣传活动。

（2）学生通过网上检索和教师下发的资料，初步收集相关资料。

（3）教师准备各项评比的标准，确认优秀调查成果展示方案、优秀调查小组等的奖励方案。

4.探究专题。

（1）一起学·开展网络安全专题讲座。

（2）一起倡·开展网络安全宣传活动。

（3）一起行·开展网络作品征集活动。

（二）方案实施阶段

通过检索资料了解我国网络社会的发展情况。自从1994年正式接入国际互联网以来，我国的网络和信息化事业发生了翻天覆地的变化。截至2022年12月，中国网民规模达10.67亿，形成全球规模最大的网络社会。然而，网络在推动社会进步的同时，也出现了一些虚假的、不良的信息。网络谣言、网络暴力、网络诈骗等现象层出不穷，影响恶劣。整治网络生态乱象、构建网络空间命运共同体成了亟待解决的问题。

我们将分为三个小组，共同解决如何建设文明的网络环境的问题。可从"一起学·开展网络安全专题讲座""一起倡·开展网络安全宣传活动""一起行·开展网络作品征集活动"三个角度分组进行实践活动。在分组过程中确保每一位同学都能参与活动并发挥出自己的作用，使每位学生都有参与感。各小组通过民主推荐产生小组组长，负责协调小组活动。

1.第一小组：一起学·开展网络安全专题讲座。

为了增强广大师生网络安全意识，提高网络安全防范技能，同学们寻求学校的帮助，邀请西渡学校的共建单位西渡派出所民警姜警官和南渡村社区民警孟警官来到学校，开展网络安全专题讲座。此次讲座邀请两位警官向大家专题介绍电信诈骗的手段、识别和防范电信诈骗的方法，上当后的补救措施等内容。重点介绍发生在身边的电信诈骗案例，如冒充学校校长或者财务，以学校收费为由要求家长扫码支付一定的金额。通过这些案例进一步提醒大家要牢固树立个人财产安全意识，对可疑电话、短信、网站等要提高警惕，不随意给陌生人转账、汇款和泄露银行卡密码，保护好自己的"钱袋子"。

2.第二小组：一起倡·开展网络安全宣传活动。

为了树立广大公民的网络安全意识，本组同学走进社区开展主题为"网络不是法外之地，共建文明网络环境"的宣传教育活动。活动开展前，本组同学与学校附近的小区——新南家园的居委会工作人员进行联系，确定在小区内开展网络安全宣传活动的时间、形式等内容。

活动开展过程中，学生在小区的宣传栏中张贴自制的网络安全宣传单并悬挂网络安全横幅。在活动现场，学生向居民讲解网络安全的相关知识，解读网络诈骗、网络谣言的案例，科普预防网络电信诈骗、网络谣言的方法，并耐心解答居民的困惑，帮助居民提高自身防范意识，了解网络安全意义重大，网络安全与每一个人密切相关。我们应该做到依法办事，遵纪守法。随后学生与小区志愿者们一起深入居民楼，以敲门入户的形式，将网络安全知识送进居民家中。

活动结束后，对居民进行面对面的采访，帮助居民增强网络安全意识，在今后的工作和生活中，慎重管理个人信息，严守国家秘密，规范上网行为，积极构建更加安全、文明、和谐的网络环境。

3.第三小组：一起行·开展网络作品征集活动。

为了树立网络平台用户的网络安全意识，本组学生开展"网络不是法外之地"的作品征集活动，在抖音、小红书、微博等多个平台发布征集活动，确定征集作品的要求：以图文、短视频、音频、漫画等形式，讲述身边关于网络安全的故事。在参与制作作品的过程中，学生们能够提高网络安全意识，学会合理利用网络，传播网络正能量。

（三）交流总结阶段

实践活动结束后，各小组进行资料的整理，汇总形成一份总结报告并制作PPT在课堂上进行展示、交流。学生就本次社会实践活动的收获谈谈对网络安全的思考，该活动将作为社会实践活动的评价之一。

四、评价方法与标准

本次社会实践活动评价分为两个部分。

1.过程性评价。

"共建文明网络环境"小组合作评价表

标准	评价与反馈
在团队中表现突出,能在团队实践活动过程中发挥重要作用,帮助团队完成实践活动既定目标;能很好地团结成员并进行有效沟通与合作;能在完成总结PPT和报告过程中发挥重要作用	优秀
在团队中无突出表现,但可以按时完成自己的任务;能与小组成员进行沟通、交流与合作;能辅助小组完成总结PPT和报告	良好
在团队中不积极完成任务;与小组成员未能很好地进行沟通、交流与合作;未能有效参与小组总结PPT和报告的整理与交流	不合格

2.总结性评价。

在小组学生完成PPT和报告的交流后，每一位成员就本次社会实践活动的收获，谈谈对"网络不是法外之地，共建文明网络环境"的思考。

"共建文明网络环境"评价表

标准	评价与反馈
在社会实践活动完成后,能够清楚地理解在网络生活中应该遵守法律,会合理利用网络,有一定的媒介素养,有良好的法治意识	优秀
在社会实践活动完成后,能够理解在网络生活中应该遵守法律,会合理利用网络,有一定的法治意识	良好
在社会实践活动完成后,不能理解在网络生活中应该遵守法律,不会合理利用网络,没有法治意识	不合格

五、小结

本次实践活动借助学校附近的资源进行活动设计。从"一起学·开展网络安全专题讲座""一起倡·开展网络安全宣传活动""一起行·开展网络作品征集活动"三方面入手,对学校师生、社区居民、网民进行宣传,共建文明网络环境。借助学校附近的资源,不论是地域距离还是活动时间的确定都更加便利。在宣传过程中,宣传的对象可能覆盖学生的父母、同学、老师、邻居以及陌生人。学生通过身份的转变,即从家庭的成员转变为学校的学生,再转变为社会的一分子,最后转变为国家的小主人,能够深刻认识到自己在参与国家的政治生活,为国家网络安全的建设贡献自己的一份力量。

八年级学生虽然对于网络已有一定的认识,但其认识并不深刻。通过本次社会实践活动,学生能够很好地认识网络世界,理解网络不是法外之地,在网络生活中,也应该遵守法律。本次实践活动不仅加强了学生的团队合作能力,也使学生学会了用科学的方法进行社会调查和资料整合,明白只有在此基础上得出的结论才具有一定的科学性的道理。

第四章　指向健全人格素养培育的实践教学案例设计

　　《义务教育道德与法治课程标准（2022年版）》中指出，健全人格是指具备正确的自我认知、积极的思想品质和健康的生活态度。健全人格主要表现为自尊自信、理性平和、积极向上、友爱互助。一个具有健全人格的人，是德智体美劳诸方面协调发展的合格人才。培育学生的健全人格，有助于他们正确认识自我、学会学习、学会生活、学会合作，养成积极向上的心理品质，提高适应社会、应对挫折的能力。

　　培养初中生健全人格的实践活动，强调学生在实践活动中的体验和学习，激发学生的学习兴趣和积极性，让学生在实践中形成独特的思考和感悟，从而帮助学生塑造积极、健康、向上的人格特质。教师在设计实践活动时，要综合考虑学校主题教育、区域文化基因、学生实际情况等因素，与学校、社区、心理机构合作开展实践活动。例如，可以组织学生参与社区环保宣传、职业体验、心理健康与情绪管理活动以及相关的志愿服务活动，提升学生的同理心、奉献精神、审美情趣等，让学生学会合作、沟通和分享以及情绪管理的有效方法，并以此培养、锻炼学生的意志力和抗挫能力。

　　在设计指向培育健全人格的社会实践教学活动时，教师要关注以下要求。第一，明确活动目标，注重人格培养。活动设计应围绕提升学生的道德品质、思维能力、情感态度等方面展开，有针对性地设计活动内容和形式，确保活动能够真正达到培养健全人格的目的。第二，强化实践体验，促进人格内化。通过实践体验，促进学生深入理解道德规范和价值观，并将其内化为自己的行为准则，进而塑造出健全的人格特质。第三，加强团队协作，培养合作精神。教师应注重培养学生的团队协作精神和合作能力，让学生在团队协作中学会沟通、协调、分工和合作，培养学生的社会适应能力和人际交往能力。第四，发挥教师引导作用，提升学生人格素养。教师要善于发现并表扬学生的优秀品质和良好行为，注重培养学生的独立思考能力和创新精神。同时，教师还应关注学生的个体差异，根据学生的特点和需求提供个性化的指导和帮助。学校应制定相关制度，加强与其他教育环节的衔接和配合，建立长效机制，持续培养健全人格。共同为学生的健康成长营造良好的环境。

健全人格的培养需要教师以系统的观念进行实践教学的整体设计，通过科学的多维度评价，促进初中生健全人格的形成和发展。

案例 1

消防职业体验的社会实践活动方案

上海市奉贤区古华中学　　陈雨琼

一、学科知识链接

1.敬畏生命（统编版教材《道德与法治》七年级上册第三单元《珍爱我们的生命》第八课《生命可贵》第二框"敬畏生命"）。

2.在集体生活中树立主人翁意识（统编版教材《道德与法治》七年级上册第二单元《成长的时空》第七课《在集体中成长》第二框"共建美好集体"）。

3.对自己、他人和社会负责的意义（统编版教材《道德与法治》八年级上册第三单元《勇担社会责任》第六课《责任与角色同在》第一框"我对谁负责　谁对我负责"、第二框"做负责任的人";第七课《积极奉献社会》第一框"关爱他人"、第二框"服务社会")。

4.爱岗敬业(统编版教材《道德与法治》九年级下册第三单元《走向未来的少年》第六课《我的毕业季》第二框"多彩的职业")。

二、活动目标

1.通过采访消防员,实地观察消防员的工作内容,感受消防职业的特殊性以及消防员工作的不易与伟大,培养收集和处理信息的能力,思考个人的社会角色,进行合理的职业规划。

2.通过消防职业体验团队竞赛,了解一定的消防安全知识,掌握一定的消防技能,加强人际交往、团队合作的能力,增强社会责任感和责任意识,勇于承担社会责任;提高自救能力,正确看待生命、敬畏生命、珍视生命。

3.通过主题汇报和校园宣讲,能够有依据地对获取的资料进行归类整理,能以消防员为榜样,培养奉献精神,树立为人民服务的意识。

三、活动实施条件

本次社会实践活动结合区域内资源——奉贤区消防中队,让学生观察消防员的工作内容,深入了解消防员这一职业的特殊性。通过职业体验了解消防安全知识以及消防员的职责使命,引发学生对职业的规划、责任的认知和对生命的思考。

借助区域内资源能够让学生更加直观地感受消防员这一职业的责任与使命,也更有助于将教材知识内容落实、延伸于本次的社会实践之中。

四、过程与要求

（一）活动准备阶段

1.活动对象：八、九年级学生。

2.活动时间：1周。

3.活动准备。

（1）活动前期与学生进行沟通，了解学生对于消防员这一职业想要深入知悉的内容。

（2）与消防中队取得联系，了解场馆资源，确定学生可以参与的学习与体验形式，做好体验内容的规划。

（3）与学校做好对接工作，在学生们完成此次职业体验活动后，结合学校的消防安全宣传周开展消防宣传与消防知识普及。

（4）准备各项评比的标准，确定优秀采访小组、优秀实践小组、优秀宣传小组等的奖励方案。

（二）方案实施阶段

1.分组分工，确定组长。

通过民主推荐产生每个小组的组长，组长负责对本组组员进行分工，确保在前期资料收集，中期采访、实践体验以及后期校园汇报中，组内每一位成员都能参与其中并发挥作用，有切实的参与感。

2.收集资料，形成提纲。

在开展职业体验前，各小组根据本组商讨出的采访提纲与奉贤区消防中队的消防员们进行面对面的职业主题采访，并进行文字记录、录音、拍照留档等资料收集，为后期的校园消防安全周宣讲报告做准备。

3.实践体验，形成报告。

在采访结束后，各小组进行消防场馆的实地参观，走进真实的消防员职业生活场景之中，在对消防员的服装、消防器材和设备有了一定的了解之后以小组竞赛的方式进行消防职业体验，通过穿脱消防服、使用消防水带和水枪、灭火等项目的比赛真实体验消防员这一职业，提升消防自救能力，增强生命安全意识和责任意识。

在本次活动结束后，各小组形成相关的职业体验报告、校园消防安全周宣讲稿和汇报PPT。

4.汇报展示，评比优胜。

在学校消防安全宣传周活动中根据安排进行汇报展示，向全校学生宣传消防知识，分享对生命意义的认识等内容。

（三）交流总结阶段

学生就本次社会实践活动汇报实践成果，分享自身的感悟和就业思考，并谈谈对生命意义的认识。

五、评价方法与标准

本次社会实践活动评价分为两部分。

1.过程性评价。

每一位小组成员在活动过程中进行评价表记录，并在社会实践完成后进行自评、互评和组长评。评价分为A、B、C、D四个等级，其中A为优秀、B为良好、C为合格、D为须努力。每个团队中，A级占比20%，B级占比60%，C级占比15%，D级占比5%。

消防职业体验活动评价表

评价指标	评价内容	自评等级	成员互评等级	组长评价等级
自主学习	职业体验活动前,自主学习相关内容,主动收集材料,帮助小组完成提纲			
团队合作	能够在实践活动过程中发挥作用,帮助团队完成采访活动的既定目标			
	主动承担小组任务,能很好地团结成员并进行有效沟通与合作			
	能积极参与职业体验团队竞赛,在完成职业体验报告和校园宣讲汇报中起到关键作用			

2.总结性评价。

在小组学生完成职业体验报告和校园宣讲汇报后，组内成员就本次社会实践活动，结合自身职业规划和对生命意义的思考谈感想。教师根据学生的表现作出评价。

评价等级：

A：能从本次社会实践带来的触动出发；能就活动内容升华至自身对生命的思考、对责任的认识和对职业的规划，具体谈谈感想。

B：能提到本次实践活动的相关经历、感悟；简单地进行了主题升华。

C：能结合本次社会实践活动的经历；未对主题进行升华。

D：未结合本次社会实践活动的经历；未对主题进行升华。

教师根据两次评价结果，给出综合评价结果。

六、小结

本次实践活动借助了本区域资源——奉贤区消防中队，进行活动设计。从消防员的职业特殊性、职业知识技能的相关要求、消防设备的学习以及实际体验等方面入手，对消防员这一职业进行深入、具体的实践研究。

首先，借助本区域资源方便确立活动地点和活动时间。消防中队经常来校进行消防安全宣讲，学生对消防员比较熟悉，有利于访谈、实践活动的开展。其次，学生对家庭电器违规使用、电动车违规充电等日常消防安全问题比较熟悉，通过社会实践活动，学生能够在生活中养成相关的消防安全意识和生命责任意识。最后，通过采访、观察、体验真实的消防工作任务，参与团队实践比赛能够引发学生对职业精神、对生命更深的思考和更强的共鸣，从而更好地发挥此次社会实践活动的作用。

其次，学生通过职业体验感受劳动的意义，认识到每个社会角色身上承担的责任，每一种职业都承担着一定的责任。职业体验类的社会实践活动对于引导学生及早规划自己未来的社会角色、理性选择职业、树立正确的职业精神有着十分重要的意义。

最后，在整个活动过程中，学生通过收集、归纳资料能够培养一定的整合、处理信息的能力，通过采访问卷培养人际交往的能力；通过团队竞赛培养集体意识，养成集体主义精神。结合对于消防员这一职业的深入了解，学生能够对生命的意义有更深的感悟，对于自己承担的角色责任有更加深刻的认知，更好地活出生命的精彩。

案例 2

"圆梦计划"爱心义卖的社会实践活动方案

上海市奉贤中学附属南桥中学　潘月美

一、学科知识链接

1.集体的温暖、集体的力量（统编版教材《道德与法治》七年级下册第三单元《在集体中成长》第六课《"我"和"我们"》第一框"集体生活邀请我"）。

2.在集体中涵养品格、在集体中发展个性（统编版教材《道德与法治》七年级下册第三单元《在集体中成长》第六课《"我"和"我们"》第二框"集体生活成就我"）。

3.共同的愿景、良好的氛围；在共建中尽责、在担当中成长（统编版教材《道德与法治》七年级下册第三单元《在集体中成长》第八课《美好集体有我在》第一框"憧憬美好集体"、第二框"我与集体共成长"）。

二、活动目标

1.通过组织"圆梦计划"爱心义卖活动，筹集"爱心基金"，帮助需要温暖、关怀和激励的优秀学子。

2.学会处理与他人、集体的关系，提高人际交往能力，增强团队合作意识，强化班集体建设，倡导互助互爱的精神。

3.养成关爱他人、奉献社会的良好道德品质，提升社会责任感。

三、活动实施条件

本次社会实践活动借助校本资源和区域资源，以爱心义卖的形式进行，活动地点为校园周边的公园，活动所筹得的善款将用于资助学校里品学兼优、学习生活中上进，但在学习经费和生活上有一定困难的同学，帮助他们圆梦。本次活动以班级为单位，在老师的指导和家长志愿者的协同参与下进行。

四、过程与要求

（一）活动准备阶段

1.活动对象：七年级学生。

2.活动时间：1周。

3.活动地点：校园周边的公园。

4.活动准备。

（1）学生在老师和家长的帮助下与公园的相关负责人沟通联系，确保活动可以顺利开展。

（2）在校园内征集学生的梦想，选出圆梦对象。以班级为单位，每班设立一个爱心义卖摊位，可以邀请老师和家长志愿者共同参与活动。

（3）义卖物品准备及要求：①每位学生准备1～2件义卖物品。义卖物品可以是手工艺品、书画作品、闲置的玩具或书籍等。义卖物品必须健康、安全，老师对义卖物品进行验收，合格物品才能进入义卖市场。义卖物品提倡与劳动教育相结合，充分发挥学生的聪明才智，以学生亲手制作或者与家长共同制作的手工艺品或书画作品等为主。义卖物品不宜太昂贵，避免形成攀比的风气。②各班需将学生的义卖物品登记造册，并确定合理的价格。

（4）教师准备各项评比的标准，确定"特色商铺"评选方案、小组实践活动评价记录表等。

（二）方案实施阶段

1.宣传发动阶段。

（1）了解各类慈善活动。列举国家的、上海市的，乃至奉贤区的各类相关的慈善活动，如"中华慈善日""蓝天下的至爱""上海慈善周""圆梦行动在贤城"等活动，让学生了解这些活动的开展情况及意义，感受乐于助人的中华传统美德，培养学生的慈善意识、责任意识、奉献精神。

（2）选取圆梦对象。在校园内设置"圆梦宝箱"，鼓励学生将自己的愿望写在"心愿单"上，并写明理由，投入"圆梦宝箱"内。由教师进行初步筛选，将筛选后的"心愿单"汇集制作成愿望展板。七年级的每位学生都拥有一枚"圆梦助力"贴纸，学生可将自己的贴纸贴在"心愿单"上，以此选出支持率最高的三位圆梦对象。

（3）发布"圆梦计划"爱心义卖活动倡议书。在班级中发出本次"圆梦计划"爱心义卖活动的倡议书，让学生明确本次活动的目的是通过集体的力量，帮助身边的同伴实现他/她的梦想，让其感受集体的温暖。同时明确本次义卖活动的具体要求，让学生为班级义卖活动的开展提供"金点子"，学会在集体活动中成长。

（4）制订班级个性化义卖活动方案。各班学生可以根据班级特色，自主讨论并制订班级义卖活动方案。在方案制订的过程中，老师和家长可以提供帮助，引导学生通过恰当的方式表达自己的意见，确定本次活动中班集体共同的目标和愿景。

（5）按照学生的个性特点和特长进行合理分工，选出各小组的组长。通过分工协作，为学生提供展示个性的平台，让学生贡献自己的智慧和力量，同时培养学生的团队合作能力，做到优势互补，相互帮助，共同进步。小组在合作中发生矛盾冲突时，教师要引导学生学会彼此接纳、尊重、理解和包容，学会友好相处，学会担当等。

2.活动实施阶段。

第一组：设计组。本组学生需要具备一定的绘画、书法和设计能力，根据本班特色，设计一张义卖活动的海报和广告宣传横幅，用于义卖现场的张贴。活动海报和广告横幅要美观清晰，主题鲜明，吸引眼球。

第二组：布置组。本组学生需具有一定的创造力和创新意识，负责义卖活动展台的个性化布置设计，并为班级义卖摊位取一个有意义的店名。义卖活动的展台布置要能吸引顾客，合理放置义卖物品。

第三组：销售组。本组学生需具备较强的人际交往能力，担任义卖活动中的营业员。营业员仪容仪表要符合标准，能说会道有责任心，态度亲切，熟悉物品和物品的价格，可佩戴统一标识，如服务卡、头巾、帽子等。

第四组：收银组。本组学生需要具有强烈的责任心，做事认真细致，负责将班级的义卖物品一一登记造册，并记录好价格。各班的义卖展台设一个募捐箱，募捐箱统一用红色彩纸包装，并标明"募捐箱"三个字。义卖所得全部收入投入到募捐箱中，由学生收银员保管并做好每一笔收入的记录，最后进行金额汇总。

第五组：后勤组。后勤组负责义卖期间的秩序维护工作，避免秩序混乱的情况发生。由于义卖活动是在公园这一公共场所开展，因此活动全程必须及时清理垃圾，保持义卖场地的干净整洁。

（三）交流总结阶段

实践活动结束后，各小组整理活动记录，以PPT的形式在课堂上交流、展示本次爱心义卖活动的成果、心得体会等，该活动也将作为本次实践活动的评价之一。

五、评价方法与标准

本次社会实践活动评价分为两部分。

1."特色商铺"评选。

活动结束后，对各班摊位在爱心义卖活动中的表现进行评选，设置"特色商铺"奖，由教师、家长代表、学生代表组成评选小组，按照公平公正的原则展开评选，按30%—40%的比例评出"特色商铺"，评分表如下：

"圆梦计划"爱心义卖活动"特色商铺"评分表

评价项目	评价标准	评分					
		七1班	七2班	七3班	七4班	七5班	七6班
商铺宣传 (20分)	1.活动海报、广告横幅美观清晰,主题鲜明; 2.商铺具有特色,吸引眼球						
商铺布置 (20分)	1.展台布置合理; 2.商铺名称有创意						
销售氛围 (20分)	1.销售形式丰富,能吸引顾客; 2.销售员服务热情,运用礼貌用语,不与顾客产生争执						
商铺收银 (20分)	1.义卖商铺明码标价; 2.义卖收入记录准确						
后勤保障 (20分)	1.活动过程中纪律良好,无追逐吵闹现象,无安全事故发生; 2.摊位场地保持整洁、卫生,活动结束后完成场地清洁打扫工作						
加分项:义卖收益良好 (销售总金额第1名:加10分;第2名:加7分;第3名:加4分;第4名:加1分)							
总分							

2.小组实践活动评价。

每一位学生在实践活动结束后填写"道德与法治小组实践活动评价记录表",撰写心得体会,并进行自我评价、小组互评和教师评价。

道德与法治小组实践活动评价记录表

姓名_____班级_____

活动主题	"圆梦计划"爱心义卖活动			
任务分工	在这次实践活动中,我参与了_____小组。 我为这次实践活动提供的"金点子"是_____ 我在这次实践活动中具体负责的工作是_____			
心得体会				
评价项目	评价标准	评价等级		
		自我评价	小组评价	教师评价
学习态度	1.积极参与小组活动; 2.认真对待小组活动任务,善始善终; 3.不怕困难,积极探索恰当的解决方法			
合作探究	1.关心同学,相互尊重,相互理解; 2.主动承担任务,有集体意识; 3.发挥优势,优劣互补; 4.乐于分享与合作			
学习技能	1.能够运用所学知识指导实践活动; 2.善于沟通,以恰当的方式提出合理建议			

注:评价分为A、B、C、D四个等级,其中A为优秀,B为良好,C为合格,D为须努力。

六、小结

本次社会实践活动借助校本资源、区域资源等力量开展,由学生担任主角。学生在老师的指导和家长志愿者的协助下,走出校园,以爱心义卖活动的方式,完成学校的"圆梦计划"。学生将自己亲手制作的工艺品、书画作品,闲置的学习用品、书籍、玩具等以班级为单位在学校周边的公园内进行义卖,义卖所筹得的善款将用于资助学校中品学兼优但在经济上有一定困难的同学，帮助他们圆梦，让他们感受集体的温暖。活动中，学生们充分发挥自己的聪明才智，集思广益共同商讨制订班级个性化义卖活动方案，通过合理分工合作，确保班级义卖活动有序开展，锻炼组织能力、人际交往能力，培养乐于奉献、关心他人的良好品质，传承和发扬乐于助人的中华传统美德。

通过开展"圆梦计划"爱心义卖活动，学生能够感受集体的温暖和力量，在集体活动中发展个性，展示自我，培养负责任的态度和能力，提升人际交往的能力。在整个活动中，学生能够感受良好的集体氛围，增强集体荣誉感，学会在集体共建中尽责，在担当中成长，在实践活动中实现健全人格这一核心素养的培育。

案例 3

"志"在心中，"愿"在行动的社会实践活动方案
——以中学生志愿者活动为例

上海市奉贤区平安学校　陈奕婷

一、学科知识链接

1.关爱他人；服务社会（统编版教材《道德与法治》八年级上册第三单元《勇担社会责任》第七课《积极奉献社会》第一框"关爱他人"、第二框"服务社会"）。

2.责任（统编版教材《道德与法治》八年级上册第三单元《勇担社会责任》第六课《责任与角色同在》第二框"做负责任的人"）。

3.正确面对挫折（统编版教材《道德与法治》（五·四学制）六年级全一册第四单元《生命的思考》第九课《珍视生命》第二框"增强生命的韧性"）。

二、活动目标

1.感受"送人玫瑰，手有余香"的意义，通过走进社会、了解社会、关注社会，充分展示自己的综合素质、精神面貌和道德品质，并以实际行动为社会作力所能及的贡献，向那些需要帮助的人伸出援助之手。

2.通过志愿者活动，能够主动调节和管理自己的情绪；能够与他人进行有效沟通，发扬互助精神；能够主动适应环境变化，具备应对挫折的积极心理品质。

3.通过亲身体验，感受到自己担负的责任，确立自己努力的方向，树立正确的世界观、人生观和价值观。

三、活动实施条件

志愿服务活动根据各中学实际情况，充分利用业余时间集中组织学生开展。通过志愿服务社会实践活动，学生们能切身感受到参与志愿者活动的意义。借助学校与社区的资源有助于学生更便利地开展社会实践活动，也有助于学生理解教材中的知识内容。

四、过程与要求

（一）前期准备

1.按要求组成志愿者活动小组，确定组长人选及记录员名单等，方便后续安排任务。

2.提前联系参与志愿者活动的单位或组织，获得支持并确定活动内容。

（二）活动实施

根据各学校所处社区的实际情况，各学生小组可因地制宜开展不同的志愿服务活动。下面以"献爱心，送温暖"志愿服务活动为例。

1.学生分组。

了解学生的住址，请邻近小区的学生自由组队，5—6人为一小组，确定组长、记录员、联系员与组名。

2.以小组形式调查身边老年人的生活困难之处或需求。

学生以小组为单位，调查小区老年人口大概数量及分布情况（建议通过居委会），确定服务的小区及具体楼栋，上报给老师。

在确定具体服务楼栋后，利用放学后、周末、节假日等时间上门了解这些老年人的生活困难之处或需求，并做好记录与汇总。

3.制订老年人志愿服务活动的方案。

各小组根据前期调查的资料及学生实际情况，确定本组能为该楼栋老人提供志愿服务的内容（包括但不限于帮助老年人实现网络购物、网上配药等）。

确定服务内容后，请组员协同组长完成志愿服务方案，格式如下：

_____(组名)志愿者活动方案
活动时间：_____年_____月_____日
活动具体内容：

以帮助老人配药为例：

_____×××××_____(组名)志愿者活动方案
活动时间:202×年×月×日
活动具体内容：
小组成员携带手机等电子设备,帮助楼栋中的独居老人配药。

4.以小组形式进行具体实践。

若服务内容为一项，由该组组长分配组员任务，组员应服从组长安排。

若服务内容为多项，可由组长安排，也可由组员自由分小队，分别完成不同的志愿服务内容。

以帮助老人配药为例：

学生由组长带领前往老人家中，携带手机的同学可合作帮助老人在医院或卫生院的微信公众号上进行在线复诊，开处方单并进行在线配药。若为非处方药，也可选择在一些外卖平台上进行购买，并在老人家中等待外卖员将药送到老人家中。

（三）交流总结

学期结束前，各小组将自己小组在志愿服务过程中的经历、遇到的难题或体会到的挫败、活动后的收获体会等进行整理，汇总形成一份总结报告并制作PPT在课堂上展示，与同学们进行交流。

五、评价方法与标准

本次社会实践活动评价分为两个部分。

1.过程性评价。

（1）每一位小组成员在活动过程中进行评价表记录，并在社会实践完成后进行自评、互评和组长评。评价共分为A、B、C三个等级。其中，A为优秀，在团队中表现突出；B为良好，在团队中无突出表现；C为不合格，不积极完成任务。

社会实践活动评价记录表

活动主题：		活动日期：
活动内容记录：		
自评等级：	成员互评等级：	组长评价等级：

（2）邀请被服务者进行反馈与评价。

2.总结性评价。

在小组学生完成PPT或报告的交流后，每一位成员就本次社会实践活动谈谈感想，教师根据学生的表现给出相应评价。

评价等级：

A：能有效整合小组的交流内容；能结合教材知识点进行有效点评；能将活动内容升华至对个人能力的提高与认同。

B：能整合小组的交流内容；能结合教材知识点进行点评；能简单地进行主题升华。

C：不能整合小组的交流内容；未结合教材知识点进行点评；未进行主题升华。

教师将评价结果整合，给出综合评价结果。

六、小结

深入开展志愿服务活动，不仅能让学生真正走进社会、了解社会、关注社会，真实了解到社区中的需求，并对他们提供相应的服务，也能进一步增强学生的社会责任意识和奉献精神。从另一角度看，学生所学习的知识来源于生活，最终也会被应用到生活当中，而志愿者服务活动能够帮助学生提升社会阅历，了解不同行业的工作情况，从而更好地进行未来的职业人生规划。此外，在交流总结环节，同学们一起总结经验，共同完成小组的分享PPT，有利于提高团队协作能力，增强集体荣誉感，培育和践行社会主义核心价值观，树立正确的合作与竞争观念。

案 例 4

我的情绪谁做主的社会实践活动方案

上海市奉贤区四团中学　陈雨君

一、学科知识链接

情绪的来源及其作用；情绪的表达与调节；感受美好情感（统编版教

材《道德与法治》七年级下册第一单元《珍惜青春时光》第二课《做情绪情感的主人》第一框"揭开情绪的面纱"、第二框"学会管理情绪"、第三框"品味美好情感"）。

二、活动目标

1.通过自我认识和班级小调查，知道我们每个人都会有情绪，了解日常生活中情绪的影响因素以及情绪在我们学习生活中的作用。

2.通过对真实情境的观察与分析，理解情绪的多样性、复杂性，感受情绪的神奇作用。

3.通过关注身边的学习生活，有意识地发掘美好的生命体验；通过人际交往、与外部环境的积极互动获得美好的情感体验。

4.通过探究小报告，认识情绪对个人观念和行为的影响，学会情绪的正确表达与调节，并能够运用这些方法帮助他人改善情绪。学会将负面感受转化为成长的动力，主动积极地影响身边环境，学会创造美好生活。

三、活动实施条件

本次社会实践活动基于学生对自身情绪、情感的表达与调节展开，是一个"认识自我""认识我与他人的关系"的情感体验过程。

随着年龄的增长，我们的自我意识逐渐增强，接触的人和事也在逐渐增多，在情绪的表达上除了单纯的伤心和愤怒或是开心之外，我们还增加了许多复杂的情绪和情感。遇到不顺心的事，我们可能会向身边的物品、同学、老师、亲人发泄情绪，结果却发现这样做事情只会越来越糟糕。

本次实践探究活动旨在引导学生感受和认识情绪、情感，从而学会调节和控制情绪，保持积极乐观的心态，做好情绪的主人，与他人建立和谐的人际关系，促进自身健康成长；引导学生提高对自身情感状态的觉察水平，关注他人与社会，增强对自己情绪的调节能力，形成积极、乐观的生活态度。

四、过程与要求

（一）活动准备阶段

1.活动对象：七年级学生。

2.活动时间：3周。

3.活动准备。

（1）学生根据已有知识以及网上检索的资料，初步拟定调查问卷的题目数量以及内容，确定访谈的大致方向。

（2）以小组为单位，进行同一主题、不同方向的实践探究活动，如分小组进行学校、社区范围内的小调查；对身边的同学、老师、家长、邻居进行观察记录和访谈活动。

（3）教师准备各项评比的标准，确定优秀调查小组成果展示方案、优秀调查小组等的奖励方案。

4.探究专题。

（1）情绪、情感的影响因素。

（2）情绪、情感的神奇作用（对自己、对他人）。

（3）恰当的情绪、情感表达。

（4）调节情绪、情感的方法。

（二）方案实施阶段

1.分组分工。

通过学习和讨论，认识、了解情绪和情感，探究掌握情绪、转变情感的方法。根据确定的四个探究专题，班级成员分成四个小组认领任务。每个小组4—5人，小组内要做好任务分工。每一个主题采用的探究方式不同，根据具体情况而定。实践结果的呈现方式可以不同，比如情景剧、书面小报告、主题小报、短视频等。

2.资料收集。

第一周，各个小组通过访问、调查、文献搜索等方式进行资料收集，并做好记录。经过一周准备，第二周起，进行细致分工。

3.具体实施。

（1）第一小组：2位同学根据收集到的资料，设计调查问卷，并负责发放、回收和统计数据。2位同学负责访谈、记录并分析身边同学、老师、家人、邻居关于情绪的调节、情感的影响的典型事例；1位同学负责将小组同学的实践成果汇总，以主题小报的形式呈现。

（2）第二小组：根据第一小组收集到的身边的真实事例资料，探究情绪、情感对自己和他人的神奇作用，小组合作进行再创造，改编成情景剧，并进行排练。组内推选1位总导演兼总负责人，1位副导演，1位编剧，1位场记、1位道具师。在总导演的负责和统筹下，本组以情景剧的方式呈现实践成果。

（3）第三小组：小组成员观察周围同学之间发生的冲突与矛盾，记录正反面案例，探究恰当的情绪、情感表达方式。组内2位同学进行事例筛选。小组成员共同分析事情的起因、经过、结果，并作各种假设分析，发现不同的情绪表达，会引发不同的结果。推选2位同学对案例分析做记录与整理。本组的实践成果以短视频的方式呈现，由一位同学负责拍摄和剪辑，由组内同学共同演绎。

（4）第四小组：根据第一、第二、第三小组收集到的资料，归纳有效的调节情绪、转变情感的方法。最后将三组同学的实践成果汇总，以调查报告的形式呈现。

（三）交流总结阶段

第三周，各小组进行资料的整理、汇总。各小组可以用不同的形式在课堂上呈现自己的实践成果。学生就本次社会实践活动的调查结果，结合自身收获谈谈感想，该活动也作为社会实践活动的评价之一。

五、评价方法与标准

本次社会实践活动评价分为两个部分。

1.过程性评价。

每一位小组成员在活动过程中记录活动内容、描述个人表现情况，并在社会实践完成后进行自评、互评和组长评。评价分为 A、B、C 三个等级，每个团队中 A 级占比 15%，B 级占比 70%，C 级占比 15%。

2.总结性评价。

在小组学生完成表演或报告的交流后，每一位成员就本次社会实践活动的调查结果，结合自身的收获谈谈感想，教师根据学生的表现给出相应的评价。

评价等级：

A：能有效整合四个小组的交流内容；能结合教材知识点对整体调查内容进行有效点评；能将活动内容升华至对自我的正确认识和对他人的关怀，并结合自己的实际情况有所收获。

B：能整合四个小组的交流内容；能结合教材知识点进行点评；能简单地进行主题升华。

C：不能整合四个小组的交流内容；未结合教材知识点进行点评；未进行主题升华。

教师将两次评价结果整合，最后给出综合评价。

六、小结

本次社会实践活动借助情绪、情感这个探究主题，引导学生正确认识自我，在与同学、老师、家长的交往过程中，学会换位思考，学会理解与宽容，尊重和帮助他人。同时，引导学生通过观察自身和他人的情感生活，感受和分享生活中的美好情感，认识美好情感对于个体生命成长的价值，从而提升对自身情感生活状态的觉察能力，形成积极、乐观的生活态度。

社会实践活动不是一项枯燥的任务，而是一项有趣的挑战。本次活动选取学生身边熟悉的人、有趣的事例，引导学生从真实的情境中去发现问题、分析问题、解决问题。实践活动成果的呈现形式多样，学生可以根据自己的实际探究内容来决定，这对学生来说更具吸引力和挑战性。

在社会实践活动过程中，学生需要合作、共享资料，这个过程其实就是学会独立思考和尊重他人劳动成果的过程。通过收集和整理资料，设计调查问卷等活动，学生不仅获得了知识、更新了观念，还锻炼了提取和整理归纳有效信息的能力。在分析真实事例的过程中，学生能树立起关爱他人、与人为善的正确价值观。

第五章　指向责任意识素养培育的实践教学案例设计

　　《义务教育道德与法治课程标准（2022年版）》中指出，责任意识是指具备承担责任的认知、态度和情感，并能转化为实际行动。责任意识主要表现为主人翁意识、担当精神、有序参与。

　　习近平总书记强调，青年"要勤于学习、敏于求知，注重把所学知识内化于心，形成自己的见解，既要专攻博览，又要关心国家、关心人民、关心世界，学会担当社会责任。"培育学生的责任意识，有助于他们提升对自己、家庭、集体、社会、国家和人类的责任感，增强担当精神和参与能力。

　　道德与法治课培养初中生责任意识的实践活动形式，应该紧密结合课程内容，以增强学生的实际体验和感悟为主，让学生更深刻地理解责任的含义和价值。例如，组织开展基于学科要求的志愿服务活动、社会热点问题的调查与建议、文化传承与保护的主题活动、生态环境保护的调研活动、依法参与民主生活的实践体验等，引导学生关注社会问题，组织学生进行实地调查和研究，提出解决方案，培养学生的团队合作精神、创新能力和实践能力，提升学生的社会责任感和使命感。

　　在设计培育责任意识的社会实践教学活动时，教师要关注以下要求。第一，注重责任意识的培养。实践活动的内容、形式和目标都应与责任紧密相关，设计富有创意和责任内涵的活动，引导学生认识到自己在社会中的角色和地位，明确自己的责任和义务，通过直接体验和感知责任，激发学生的责任感和使命感。第二，注重主体地位的凸显。在设计实践活动时，教师应充分考虑学生的需求和兴趣，让学生在实践中自主选择、自主决策、自主承担责任，让学生真正成为实践活动的主体，通过亲身参与和实际操作来体验和感受责任。第三，注重合作与分享精神的培养。在团队合作中，引导学生学会分工合作、相互支持，共同完成任务。通过合作和分享，学生可以体会到团队的力量和责任感的重要性，加深对责任的认识，增强责任感。第四，注重创新思维和实践能力的提升。在实践活动中，教师应鼓励学生创造性地解决问题，培养他们的创新思维和实践能力，引导学生更好地理解和应对复杂的社会问题，从而更好地履行责任。

在设计实践活动时，教师应充分考虑活动的实践性和可操作性，使学生能够在实践中强化责任体验，并通过反思与讨论，不断深化责任意识。此外，实践活动还应注重评价与反馈，既要关注活动的成果，也要重视学生在活动中的表现。

案例 1

遵守规则，建言献策的社会实践活动方案
——以早高峰时段学校附近交通拥堵问题的解决为例

上海市奉贤区待问中学　黄芳琴

一、学科知识链接

1.井然有序的社会生活离不开社会规则的维系；自觉遵守规则，坚定维护规则，积极改进规则（统编版教材《道德与法治》八年级上册第二单元《遵守社会规则》第三课《社会生活离不开规则》第一框"维护秩序"、第二框"遵守规则"）。

2.服务社会，做一个有益于社会的人（统编版教材《道德与法治》八年级上册第三单元《勇担社会责任》第七课《积极奉献社会》第二框"服

务社会”）。

3.网络促进民主政治的进步（统编版教材《道德与法治》八年级上册第一单元《走进社会生活》第二课《网络生活新空间》第一框“网络改变世界”）。

二、活动目标

1.通过实地考察，关注社会现象，以主人翁意识了解学校路况、地理位置等特点，设计全面的活动方案，细化小组活动内容，设计调研采访提纲。

2.通过对采访资料等的分析找出早高峰时段学校附近拥堵的多方原因，形成对秩序与规则的初步认识，彰显担当精神。

3.通过对网络资料的收集，结合实地考察和调研的数据分析交通拥堵问题，主动建言献策，尝试提出解决问题的方案，参与规则的改进和完善，增强责任意识、规则意识和民主意识。

三、活动实施条件

本次社会实践活动基于西渡小学、待问中学特定的地理位置，鼓励学生从切身体验出发，结合实地访谈获得的第一手资料，进行基于解决真实问题的深度思考。借助区域资源和社会热点矛盾，有助于学生更便利地开展本次社会实践活动，也有助于学生对教材知识内容的深度理解。

四、过程与要求

（一）活动准备阶段

1.活动对象：八年级学生。

2.活动时间：2周。

3.活动地点：根据各组分配任务的不同，确定不同的活动场所。如校园内、校门口等易拥堵路段、街道办事处等。

4.活动准备。

（1）中学内部学生调研的纸质问卷。

（2）针对两校家长的网络问卷。

（3）查阅资料，了解网络问政的相关网站，以及交管、城管等政府部门的职能范围。

（4）根据各项评比的标准，确定优秀调查成果展示方案、优秀调查小组等的奖励方案。

5.探究专题。

（1）调研学校内部学生，初步了解拥堵现状和拥堵原因。

（2）展开针对两校家长的网络问卷调查，深度探究交通拥堵的原因。

（3）寻求交管部门的帮助，了解不同时段的交通流量情况。

（4）梳理拥堵原因，确立解决问题的初步方向。

（5）根据活动前搜集的资料，落实网络问政。

（二）方案实施阶段

1.合理分工，明确责任。

随着社会生活的发展，交通拥堵已然是城市生活的通病，学校附近的拥堵更是屡见不鲜。但是每一处拥堵的产生都是由特定的社会背景、地理环境等综合因素形成的。因此，对具体问题要作具体分析，了解真实问题的现实情况，探究深层原因，才能彻底解决问题。

基于此，教师指导学生从调研中初步了解拥堵现状和拥堵原因；展开针对两校家长的网络问卷调查，深度探究拥堵的原因；寻求交管部门的帮助，了解不同时段的交通流量；结合调研和交通流量，梳理拥堵原因，确立解决问题的初步方向；根据活动前搜集的资料，落实网络问政这五个环节，分三个小组进行实践活动。教师通过日常对学生优势的了解，在分组过程中确保每一位同学都能参与活动，并发挥自己的作用，使学生有切实的参与感和获得感。各小组通过民主推荐产生负责人，负责协调小组的各项活动。

2.调查访谈，探究原因。

【第一小组】学生内部调研，初步了解拥堵现状和拥堵原因。

本组学生采用纸质问卷方式，对待问中学的学生进行调研。具体的问题包括：你的出行方式是什么？你上学的时段交通拥堵情况怎么样？你认为有哪些方式可以缓解交通拥堵？当然，本次调研是跨年级进行的，小组成员除了要有较强的组织协调和交流沟通能力，整个过程还需要学校大队部或德育部门的帮助，教师的及时跟进和协助联络。

设计说明：有效的调研是基于调研对象的准确性和调研范围的广泛性展开的。由于本次调研内容需要一定的高阶思维能力，相对适合中学生，故排除了对小学生的调研，调研对象涵盖了整个中学的学生。因此，在采用调研这样的方式开展实践活动的时候，设计者要考虑调研对象的适切性和调研内容的科学性。开展本次活动，能够增强学生的责任感和主人翁意识，提升学生参与民主生活的积极性。

【第二小组】针对两校家长展开网络问卷调查，深度探究造成拥堵的多方面原因。

接送孩子的家长们也是这段交通堵塞的亲历者，作为成年人，他们的知识更加丰富，视野更加宽阔，和他们探讨拥堵的原因，可以事半功倍。但是他们工作繁忙、不方便集中，特别是早高峰拥堵等因素导致实地访谈和纸质问卷调查等实施比较困难，因此网络问卷是最佳方式。具体的问题包括：您孩子的出行方式是什么？您孩子上学的时段交通拥堵情况怎么样？您认为有哪些方式可以缓解交通拥堵？

设计说明：有效的调研需要运用科学的调研方法。常见的调研方法有实地观察法、访谈调查法、会议调查法、问卷调查法、抽样调查法、典型调查法、统计调查法、文献调查法。为了收集缓解交通拥堵的有效建议，本次活动初步制订了访谈调查法。但是，在第一次实践过程中发现，许多家长或是时间紧张着急上班，或是停车不方便，谢绝了实地访谈，调研效果很不理想。经过反思和梳理，第二小组及时转变了调研方式，采用线上问卷调查法，并收到了不少有效的意见和建议。所以说，采用科学的调研方法集中民智是促进民主决策科学化的重要前提。

【第三小组】寻求交管部门的帮助，梳理交通流量大数据。

据实地观察，每天7:30左右是环城西路西闸路最拥堵的时候，私家车、电瓶车、自行车、行人占据了整个路面，但是具体数据是多少呢？具体呈现出什么特点呢？这些数据也直接决定了后面问题解决的方向。但是，这些数据的获取不是学生实践小队能独立完成的，因此第三小组在一位家长志愿者的帮助下，向交管部门寻求帮助，查询环城西路西闸路7:00—7:30这一时段的交通流量，特别是下雨等恶劣天气的准确数据。针对行人、非机动车、机动车三大主体的数据收集，为后期向行政部门提出建议奠定了基础。如机动车流量大，交通信号灯的配时设计是否需要调整？机动车随意掉头插队，是否需要实施单向交通或设置交通标志和标线，禁止某类车辆驶入或转弯？行人随意穿梭马路，是否需要确定人行道、人行横道的宽度，人行天桥和地道的位置及规模？是否需要设置行人信号灯并设计配时？这一调查为交通管理工作真正做到科学决策提供了真实依据。

设计说明：数字化时代给社会问题的解决提供了很多的便利。本小组在学习交通管制专业知识和实践调研的过程中，明白了实施交通管制需要结合现实交通问题，知道了面对高难度问题时，可以向他人寻求更专业的帮助。整个实践活动帮助学生拓宽了视野，打开了思路，提升了解决问题的综合素养。

3.梳理调研，确定方向。

调查访谈的第一手资料是纷繁复杂的，凌乱的数据需要梳理才能看出大趋势，零散的采访实录需要整理才能形成解决问题的方向。三个小组在梳理文字和数据的基础上，探讨解决问题的初步方向。在文字整理阶段，学生要把采访内容完整地梳理出来，不能漏掉一些关键的细节。梳理数据时可以采用Excel表格进行科学的数据统计分析，在大数据中发现大趋势，从而为探索解决问题的方向做好准备。根据所有的资料整理，得出拥堵症结主要有以下因素：

①上学时间集中，造成学生和家长在学校门口聚集。

②生活水平提高，私家车接送孩子比例高，强降雨等恶劣天气使得私家车接送比例更高。

③道路狭窄，双向两车道不能满足车辆通行需求。

④周边没有足够的车位供家长停车使用，造成占道停车影响路况。

⑤部分家长规则意识差，随意插队、掉头，增加了拥堵的程度。

⑥缺乏交管人员或志愿者的组织协调。

⑦交通路标等设备不齐全，对家长的约束力不够。

⑧绿色出行的公交车供给欠缺。

综合以上因素，结合课前收集的相关资料，梳理出解决交通拥堵问题需要学校、街道、交管部门、城建部门等多方努力，为下一步解决问题找到了准确的方向。

设计说明：有效的调研是否能发挥出重要的作用，关键看调研的分析。在本次活动中，基于Excel表格的智能数据分析和特殊的人工筛选归纳，最终获得准确的调研分析报告，为后面解决交通拥堵问题奠定了基础。因此，在实践调研结束后，教师在组织学生进行科学分析时，不仅要关注科学性、全面性，更要关注特殊性，适度结合人工智能，完成对数据的有效分析。

4.网络问政，改进规则。

规则不是一成不变的。随着社会的发展和社会生活的变迁，当一些原来的规则不能完全适应实际生活的变化时，就需要加以调整和完善。三个小组在前面所有工作的基础上，进入最终解决问题的阶段，即落实网络问政。网络促进了民主政治的进步，互联网丰富了民主形式，拓宽了民主渠道，使人们更加便利、有序地参与政治生活和社会生活，保障了人民的知情权、参与权、表达权、监督权。所以，基于多维解决问题的思路，本组学生又经过了再分工，分成三个活动方向。

活动方向1：联系两所学校领导，给出让学生分时段入校的建议。

活动方向2：联系街道办事处，建议相关工作人员出面协调学校附近小区的居委会，尝试说服小区在特定时段给送孩子的家长提供免费停车位，充分利用公共资源以缓解拥堵。

活动方向3：首先，查阅奉贤区政府网站，了解交管和城建等部门的职能情况。然后，通过网站中"人民建议征集"一栏，学习并模仿"金点子范例"，给交管部门和城建部门分别撰写一个提案。提案的主要内容如下：早高峰时段在西渡小学、待问中学地段增加交通管理人员，完善这一路段的交通标志和硬件设备，加强交通违法行为的监管；适度拓宽西渡小学、待问中学附近的西闸路，以缓解拥堵。最后，在"我要建议"一栏进行填写，完成最终的网络问政，等待答复。

设计说明：有效调研的最终目标是解决问题。基于前期的探究与实践，解决拥堵问题主要有三个途径，其中学校科学管理、街道组织协调能在一定程度上解决问题，但是从政府部门的角度出发，制定科学的规则并改进规则，增强国家行政机关全心全意为人民服务的意识，才是最终解决问题的重点。为此，结合"网络促进民主政治的进步"这一学科知识，引导同学们有序参与政治生活，开展网络问政的深度实践，不仅体现了公民的参与权、表达权，更激发了同学们参与政治生活的积极性和创造性。

（三）交流总结阶段

实践活动结束后，各小组进行资料整理，汇总形成一份总结报告并制作PPT在课堂上进行展示和交流。学生就本次社会实践活动的个人参与和小组协作进行自评和互评。

五、评价方法与标准

本次社会实践活动评价分为两部分。

1.过程性评价。

每一位小组成员在活动过程中进行评价表记录，并在社会实践完成后进行自评、互评和组长评。评价共分为A、B、C三个等级。其中，在团队中表现突出的为A；在团队中无突出表现的为B；在团队中不积极完成任务的为C。每个团队中，A级占比15%，B级占比70%，C级占比15%。

评价记录表

探究维度	具体维度	等级（A、B、C）		
		自评	互评	组长评
计划和实施探究	在规定时间里，充分地研究了主题			
	研究步骤清晰			
	与同伴共同探讨、制订了研究方案			
	能运用多种检索方式查找信息			
收集和分析数据	对收集的信息进行了筛选			
	收集的信息可以作为证据支撑学科观点			
	对收集的信息进行了科学的归纳和总结			

2.总结性评价。

在小组学生完成PPT和报告的交流后，每一位成员就本次社会实践活动结合责任意识、规则意识等谈谈感想。教师及各组组长根据成员表现作出相应的评价。

评价等级：

A：能有效整合三个小组的交流内容；能结合教材知识点对整体调查内容进行有效点评；能就活动内容提升责任意识、规则意识等方面具体谈感想。

B：能整合三个小组的交流内容；能结合教材知识点进行点评；能简单地结合责任意识、规则意识进行主题升华。

C：不能整合三个小组的交流内容；未结合教材知识点进行点评；未进行主题升华。

教师将两次评价结果整合，给出综合评价结果。

六、小结

本次实践活动基于学生真实生活中的真实问题进行设计。为落实学习目标，本次活动根据学科内容，基于八年级学情，采用了项目化学习的模式。在整个活动中，学生在关心社会中彰显主人翁意识，在积极参与社会实践中体现担当精神，在有序参与民主生活中提升民主意识。学生在巩固关键学科知识的基础上，锻炼了组织协调、交流沟通、设计论证、调研分析、阐释评价等解决问题的综合能力，实践能力不断增强，学科思维逐步提升。

教师通过上位建构，对学生进行相应的学法指导，帮助学生在面对复杂的社会生活和多样的价值观念时，掌握探究社会和参与社会的基本方法，在发现问题、分析问题、解决问题的过程中学习搜集、处理、运用信息的方法，提高媒介素养；在知识的迁移过程中，促进关键能力、必备品格与价值观念的整体提升。总体来看，本次社会实践活动有效地达成了学习目标，实现了教、学、评的一致性。对如何组织学生参与其他类似的社会热点问题的解决，也具有一定的指导意义和价值。

案例 2

从海塘文化的保护看中华文化的传承的社会实践活动方案

上海市奉贤区弘文学校　褚佳羽

初中道德与法治学科的社会实践活动能够有效促进教与学的转变，让学生将理论知识更好地运用到实践中，使初中生成长为德智体美劳全面发展的优秀人才。

责任意识作为道法学科五大核心素养之一，在课程教学中发挥着越来越大的作用。初中生的社会责任感是指建立在初中生自身角色的基础上，自觉承担社会责任的一种情绪体验。学生通过学习、体验、思考，要将这种意识和情感转化为实际的行为。这是一种对自己、对他人、对社会、对国家的负责，相应地表现为勇于担当、关爱他人、服务社会、服务国家的情感。

本次社会实践活动以统编版教材九年级上册第五课《守望精神家园》中的第一框"延续文化血脉"的学科知识为基础，引导学生在保护海塘文化中，传承中华文化，增强学生的社会责任意识，增进热爱家乡、热爱祖国的优秀品质，推进学科育人功能。

一、学科知识链接

1.中华文化源远流长、博大精深；中华文化积淀着中华民族最深层次的精神追求，为中华民族伟大复兴提供精神动力；坚定文化自信，事关国运兴衰、文化安全和民族精神的传承发展；高扬民族精神，爱国主义的本质是坚持爱国和爱党、爱社会主义高度统一（统编版教材《道德与法治》九年级上册第三单元《文明与家园》第五课《守望精神家园》第一框"延续文化血脉"，第二框"凝聚价值追求"）。

2.服务和奉献社会，需要我们青年担当责任；服务和奉献社会，需要我们热爱劳动、爱岗敬业（统编版教材《道德与法治》八年级上册第三单元《勇担社会责任》第七课《积极奉献社会》第二框"服务社会"）。

二、活动目标

1.通过探寻海塘文化的相关信息，运用学科知识点和学科思维方式，让学生在社会实践活动中，进一步了解奉贤海塘文化，增强学生的文化自信心、自豪感，提升学生的社会责任意识，加深爱国主义情感。

2.通过社会实践活动，培养学生收集、处理、分析、整合信息的能力，合作探究和人际交往的能力。

3.通过社会实践活动以及个人、团队的思考和研究，形成团队PPT展示、个人活动微报告、主题海报等成果。让学生在学中做，在做中学，知识的掌握运用及各方面能力在活动前、活动中、活动后都有所提升，真正凸显责任意识素养。

三、过程与要求

（一）活动准备阶段

1. 活动对象：九年级学生。

2. 活动时间：2023年1—2月，寒假期间。

3. 活动地点：奉贤博物馆、奉贤区柘林镇奉柘公路旁"华亭古海塘"。

4. 活动准备。

（1）教师根据方案布置任务，给出搜索关键词；学生上网搜集与古海塘相关的材料，并设计有关古海塘文化保护的调查问卷。

（2）学生对身边的年长者进行访谈，通过他们了解有关奉贤古海塘的传说、谚语等信息。

（3）学生分组进行社会实践活动，每班各分两大组，在教师的指导下做好分工。

（4）教师准备各项评比的标准，确定优秀调查成果展示方案、优秀调查小组等的奖励方案。

（二）活动实施阶段

在活动正式开展前，教师有针对性地对搜集资料、调查问卷、实地探访等活动进行指导。九年级五个班，每班分为两组，教师加入其中一组，和学生一起实地探究。

第一组：在网上搜集资料的基础上，到奉贤博物馆参观海塘厅。海塘厅由序厅、千年海塘、筑塘安澜、奉贤海塘、尾厅五大板块构成，将奉贤海塘的历史价值和意义置于中国海塘历史整体的发展中讲述，学生和教师一起用手机记录博物馆内呈现的点点滴滴，感受奉贤海塘的文化全貌和其中所含奉贤先贤的精神风貌。同时，教师和学生一起进行实地采访调查，通过采访、发放调查问卷，了解到游客对海塘文化的了解并不多，但作为奉贤文化的一部分，对海塘文化的保护刻不容缓。保护奉贤古海塘，就是热爱家乡、热爱祖国的表现。作为奉贤区的青少年，必须从现在做起，把保护海塘文化、传承海塘文化作为自己义不容辞的责任，彰显责任意识素养。

第二组：在网上搜集资料的基础上，到奉贤区柘林镇奉柘公路旁探寻"华亭古海塘"，感受海边劳动人民的高超智慧，他们在与海潮的斗争中逐渐创建和发展了抵御海浪的防潮堤防工程，保护世代沿海居民的生活安全。除了起到防浪作用外，海塘还担负起了防御倭寇的特殊"使命"。学生通过问卷调查，了解到海塘文化没有被特别重视，但作为奉贤文化的一部分，海塘文化的保护需要每个人的切实行动。作为学生，应在感悟中自觉保护奉贤海塘文化、传承海塘文化。

（三）活动总结阶段

1.学生根据教师的建议，完成团队PPT、个人活动微报告，然后在课堂上进行展示，学生个人、组内成员、教师依次完成评价。

2.课后，教师对学生绘制主题海报的相关内容进行指导，各小组根据考察到的结果，就探究内容与学校德育处合作，绘制有关海塘文化保护和传承的主题海报，在校内进行宣传，学生个人、组内成员、教师依次完成评价。

四、评价方法与标准

1.第一阶段：社会实践活动结束后，团队合作完成PPT展示内容，个人完成微报告，在课堂上进行展示。

（1）团队PPT展示内容评价。

每个小组在活动过程中完成评价表记录，并在社会实践完成后进行组员互评、组长评价以及教师评价。评价比例："优秀"占比20%，"良好"占比70%，"需努力"占比10%。

团队PPT展示内容评价表

活动主题：
活动日期：
活动参与人、记录人：
活动过程内容：(用PPT罗列团队完成的几个大环节、遇到的困难、解决的方案等)(30分)
活动中团队成员们的表现描述：(从正反两方面进行综合性评价)(30分)
活动后的感想、体会：(从团队角度,结合学科知识点来谈)(30分)
活动拓展：(特色加分)(从团队角度思考,奉贤还有哪些与传统文化有关的项目需要我们去保护和传承)(10分)

组员互评等级：	组长评价等级：	教师评价等级：

评价等级：

优秀（90~100分）：所有组内成员在社会实践活动中表现积极主动，遇事不推诿、不懈怠，在实践过程中发挥重要作用；团队成员能时刻进行有效沟通与合作；团队成员都能积极合作完成团队总结PPT；团队总结PPT时能把多个学科知识点整合进去；所选内容能很好地体现出原创性和创造性；活动拓展中，能紧密、有效关联在奉贤急需保护和传承的与传统文化有关的项目；所撰写的内容能激起大家保护和传承海塘文化的信心和决心；PPT内容有层次性、连贯性；PPT排版美观、图文编排合理，能有效运用文本、图片、视频等表现工具，有很强的表现力和感染力。

良好（70~89分）：大部分组内成员在社会实践活动中表现较主动，能按时按量完成自己的任务；团队成员能进行一定的沟通与合作；团队成员能协助小组完成团队总结PPT；团队总结PPT时能选择一两个学科知识点并整合进去；所选内容有一定的原创性和创造性；活动拓展中，能关联到在奉贤急需保护和传承的与传统文化有关的项目；所撰写的内容能在一定程度上激起大家保护和传承海塘文化的信心和决心；PPT制作内容较有层次性、连贯性；PPT排版较美观、图文编排较合理，运用一定的文本、图片、视频等表现工具，有较强的表现力和感染力。

需努力（70分以下）：大部分组内成员在社会实践活动中不积极完成任务；团队成员间未能进行沟通、交流与合作；团队成员未能有效参与小组总结PPT；团队总结PPT时没有把学科知识点整合进去；所选内容没有原创性和创造性；活动拓展中，不能关联到奉贤急需保护和传承的与传统文化有关的项目；所撰写的内容不能激起大家保护和传承海塘文化的信心和决心；PPT内容没有层次性、连贯性；PPT排版不美观、图文编排不合理，没有运用文本、图片、视频等表现工具，只呈现单一的文本材料等，没有表现力和感染力。

（2）个人活动微报告评价。

每一位小组成员在活动过程中完成评价表记录，并在社会实践完成后进行自评、组员互评、组长评价以及教师评价。评价分为优秀、良好、需努力三个等级，其中"优秀"占比20%，"良好"占比70%，"需努力"占比10%。

个人活动微报告评价表

活动主题：
活动日期：
活动参与、记录、评价人：
活动过程内容：(罗列团队完成的几个大环节中,自己参与的部分)(30分)
活动中表现描述并自评：(30分)
活动后的感想、体会：(结合学科知识点来谈)(30分)

活动拓展:(特色加分)(从个人角度思考,奉贤还有哪些与传统文化有关的项目需要我们去保护和传承)(10分)			
自评等级:	组员互评等级:	组长评价等级:	教师评价等级:

评价等级:

优秀（90~100分）：在社会实践活动中表现积极主动，发挥重要作用；能很好地团结成员并进行有效沟通与合作；个人微报告所研究的内容与团队主题相匹配，且言之有理，能把学科知识点整合进微报告中；所撰写的内容能很大程度激起大家保护和传承海塘文化的信心和决心；所选内容能很好地体现出原创性和创造性；活动拓展中，能紧密、有效关联在奉贤急需保护和传承的与传统文化有关的项目；所撰写的内容语言通顺，微报告呈现出很强的整体性和连贯性。

良好（70~89分）：在社会实践活动中无突出表现，但能完成自己的任务；能与小组成员进行一定的沟通、交流与合作；个人微报告所研究的内容与团队主题匹配度一般，但运用的学科知识点不多；所撰写的内容能一定程度激起大家保护和传承海塘文化的信心和决心；原创性和创造性内容较少；活动拓展中，能在一定程度上关联到在奉贤急需保护和传承的与传统文化有关的项目；语言较通顺，微报告呈现出较强的整体性和连贯性。

需努力（70分以下）：在社会实践活动中不积极完成任务；与小组成员未能进行沟通、交流与合作；个人微报告所研究的内容与团队主题不匹配，没有运用学科知识点；所撰写的内容不能激起大家保护和传承海塘文化的信心和决心；内容缺乏原创性和创造性；活动拓展中，不能关联在奉贤急需保护和传承的与传统文化有关的项目；语言组织能力弱，微报告没有整体性和连贯性。

2.第二阶段：各小组根据考察到的结果，与学校德育处合作，绘制有关海塘文化保护和传承的主题海报，在校内进行宣传。教师、各小组组长、学校德育处领导对主题海报进行评价，在评选时团队中"优秀"占比

20%，"良好"占比70%，"需努力"占比10%。

主题海报评分表

类别	评分项目	组长评	教师评	学校评
创意(20分)	作品构思新颖、独特、有灵感			
主题(20分)	主题鲜明、积极向上			
色彩(10分)	颜色搭配合理亮眼,具有美感、和谐统一			
内容(10分)	内容丰满有细节、文案灵动、形象独特			
总体印象(40分)	总体和谐有创意、有深层含义(能融合学科相关知识点)、引人深思(能鼓舞大家自觉保护和传承海塘文化、奉贤文化、中国传统文化;增强热爱家乡、热爱祖国的优秀品质)			
总分				

　　教师将以上所有评价结果进行整合，给出综合性评价，对表现优秀的小组和个人给予一定的奖励。

五、小结

　　本次社会实践借助了奉贤区的本土资源——奉贤海塘文化的相关内容进行设计，旨在开展一系列活动提升中学生的责任意识素养。学生探究本土资源时充满热情，锻炼和提升了发现问题、分析问题、解决问题的能力。在搜集资料、实地探究、合作讨论、梳理整合的过程中，他们感受到奉贤海塘文化的魅力、古人的智慧，体会到文化自信，为中华文化而自豪，为家乡、祖国而自豪。同时，他们也认识到中华文化的保护和传承急需青年一代发挥作用，表示要努力将社会责任意识付诸实际生活中。

案例 3

探寻破解老小区加装电梯难题的社会实践活动方案
——以"加梯模拟听证会"为例

上海外国语大学附属奉贤实验中学　陶家乐

一、学科知识链接

1.参与民主生活（统编版教材《道德与法治》九年级上册第二单元《民主与法治》第三课《追求民主价值》第二框"参与民主生活"）。

2.在社会中成长（统编版教材《道德与法治》八年级上册第一单元《走进社会生活》第一课《丰富的社会生活》第二框"在社会中成长"）。

3.关爱他人（统编版教材《道德与法治》八年级上册第三单元《勇担社会责任》第七课《积极奉献社会》第一框"关爱他人"）。

4.单音与和声（统编版教材《道德与法治》七年级下册第三单元《在集体中成长》第七课《共奏和谐乐章》第一框"单音与和声"）。

二、活动目标

1.通过查阅有关加装电梯的资料，并进入社区、居委会进行实地考察和访问访谈等活动，提高处理、运用信息的能力，掌握交往与沟通的技能以及依规依法有序参与社会公共事务的方法。

2.在前期调查的基础上，召开加梯模拟听证会，引导学生从不同的身份立场出发，共同探究老小区加装电梯难题，综合运用所学内容，为推进老小区"加装电梯"项目提供具有可操作性的建议，提高分析与解决问题的能力，增强责任意识。

三、过程与要求

（一）活动准备阶段

1.学生准备。

通过网上检索，收集与加装电梯相关的资料；明确分组，各小组根据不同的角色身份，进入社区、居委会进行实地考察和访问访谈，了解居民的真实需求，探索解决加装电梯难题的方法；查找资料，了解听证会的一般程序。

2.教师准备。

带领学生进入周边老旧小区进行实地考察和访问访谈，引导学生进行实践探究活动；组织学生进行加梯模拟听证会，制订评价方案。

（二）活动实施阶段

1.明确分组，收集资料。

根据不同的角色身份进行分组，拟分为5组，共同探究老小区加装电梯难题。

第一组：电梯工程代表。介绍加装电梯的方案，解答居民的疑惑。

第二组：法律代表。解读加装电梯政策并给出建议，解答居民的疑惑。

第三组：居委会代表。介绍小区的基本情况，调解居民关于加装电梯的矛盾。

第四组：低楼层居民代表。从自己的立场出发，发表对于加装电梯的意见。

第五组：高楼层居民代表。从自己的立场出发，发表对于加装电梯的意见。

2.走进实地，实施调查。

在老师和家长的帮助下走访学校周边的老小区进行调研，向居民和居委会深入了解加装电梯过程中遇到的各种困难和解决途径，完成访谈记录和调研报告。

3.组织模拟听证会。（以"幸福小区8号楼加梯听证会"为例）

幸福小区背景：幸福小区是一个老小区，主要是六层楼的老旧住宅，居民老龄化程度高，不少居民"加梯"意愿强烈。但是由于同一栋楼里楼上楼下居民意见有分歧，有些邻居还因此产生矛盾。召开加梯听证会是为了推进加装电梯工程，引导邻里之间通过协商的方式来解决问题。

（1）听证主持人介绍听证会代表，宣读听证会注意事项。第一，听从听证主持人的安排，未经听证主持人允许不得发言、提问或者随意打断对方发言，听证参加人应当相互尊重，使用文明语言。第二，听证参加人未经许可中途退出听证会的，视为放弃相关听证权利。第三，不得大声喧哗，不得鼓掌、哄闹或者进行其他妨碍听证秩序的活动。第四，听证会结束后，听证参加人须在听证笔录上逐页签字，并在最后一页注明日期。

（2）电梯工程代表介绍加装电梯的相关方案。准备好关于本次加梯工程的设计图纸、设计单位资质等文件，以供居民随时查看。电梯工程代表向居民保证设计单位会遵守国家有关法律法规，执行国家行业和本市工程建设标准设计，保证设计质量，技术问题由设计单位负责；设计单位所提交的设计方案是符合国家省市有关建筑设计规范标准及上海市建筑设计规则的要求；设计单位承诺图纸和以上信息真实、准确，若有错误由其承担相应法律责任。

（3）法律代表介绍加装电梯的相关政策。依据《中华人民共和国民法典》第二百八十八条规定"不动产的相邻权利人应当按照有利生产、方便生活、团结互助、公平合理的原则，正确处理相邻关系"，申请加装电梯应适用于相邻关系的法律规定，相邻权利人为解决通行困难，有权利要求相邻方提供必要的便利，相邻方有义务予以协助。

新修订的《上海市电梯安全管理办法》自2023年5月1日起施行，对电梯生产、经营、使用管理等单位都作出了明确的要求。

（4）各楼层居民代表发表意见。低楼层居民代表：加装电梯并没有给一楼的住户带来实质性利益，而且在施工过程中，我们担心会影响现有的居住环境，比如采光会变差，还会产生噪音。我们小区是一个老小区，我担心加装电梯的工程会影响建筑结构安全，尤其是底楼的住户。

高楼层居民代表：我们8号楼12户业主中只有一楼的两户业主反对加装电梯，其他业主都是同意加梯的。因为我们楼70岁以上的老人就有10人，对电梯的需求较大。加梯设计方案、资金筹集、分摊方案、后续电梯的维护均已安排妥当，具备加梯的条件。

（5）居委会代表介绍小区的基本情况，对居民的不同意见进行调解。多层住宅加装电梯，主要目的是方便大家，增加生活幸福感。当然高楼层和低楼层的住户对于加装电梯的感受不同，大家所说的问题都是合情合理的。希望大家不要让这件好事情产生邻里矛盾，而是站在不同角度上进行思考，研究一下各个方案的可行性。

（6）听证人员自由发言，解答疑难。

（7）听证会总结。各位居民代表、工程代表、法律代表和居委会代表聚集在一起，共同讨论加装电梯的问题。作为公民，依照法律法规，通过各种途径，以不同形式参与管理国家和社会事务，实现民主权利，维护自身的合法权益。听证会就是公民参与民主决策的有力保证，听证会的目的是听取各方意见，集中民智，促进决策的科学化，从而顺利推进加梯工程，让幸福小区更添幸福感。

（三）交流总结阶段

模拟听证会结束后，各小组整理资料并汇总形成一份调研报告，为老旧小区加装电梯难题提供解决思路，该活动也作为实践活动的评价之一。

四、评价方法与标准

本次社会实践活动评价采用过程性评价与总结性评价相结合的模式。

每位同学在活动过程中完成过程评价表和总结评价表记录，并在社会实践活动完成后进行自评、他评、教师评。评价共分为A、B、C三个等级。其中A为优秀，B为良好，C为不合格。每个团队中，A级占比15%，B级占比70%，C级占比15%。

"加梯模拟听证会"评价表

姓名：_____ 班级：_____

评价内容		评价等级		
		自评	组长评	教师评
评价指标	资料搜集能力			
	采访调查能力			
	随机应变能力			
	语言表达能力			
	团队配合能力			
对本次活动的体会：				

"加梯模拟听证会"总结评价表

评价类别	评价内容	评价等级		
		自评	他评	教师评
参与度	积极参与小组社会实践活动,认真完成个人任务并关心小组活动的进展			
合作力	小组内有明确的分工,小组成员团结			
表现力	围绕自己小组的任务,表达内容清晰且富有逻辑、语言流畅			
科学性	能认真寻找、筛选有效信息,并科学地设计访谈提纲			
创新性	提出解决措施,形成有创新点的调研报告			

五、小结

本次社会实践立足于老旧小区加装电梯难题进行活动设计，重点突出以下三个方面。

聚焦问题解决。道德与法治学科的社会实践要聚焦问题解决来落实学生学科素养的培育，本次实践活动聚焦老小区加装电梯的问题，学生通过收集资料、走访调查、模拟听证等活动，从不同的角色身份思考问题，亲身参与实践，学会用学科素养来解释、处理、解决真实问题。

培养合作意识。在社会实践过程中，需要同学们合理分工，相互配合，比如在进行访问访谈、整理调研报告等活动时，成员间要不断沟通，查漏补缺，互相帮助，才能高质量地完成学习任务。通过小组合作的形式主动参与民主生活，学生能够提升团队合作意识，在沟通中提升与人交往的技巧，建立良好的人际关系，提高责任意识。

增强责任意识。本次活动组织了模拟听证会，让学生直观了解听证会的程序和意义，也让学生意识到加装电梯不仅是一个民生问题，更是一个涉及多方利益的复杂问题。通过模拟听证的形式探究这个问题，有利于激发学生参与社会公共事务的民主意识，进一步增强学生的责任意识。

案例 4

培养集体责任感的社会实践活动方案——以创建学生社团为例

上海市奉贤区肇文学校　王姚沁

一、学科知识链接

1.集体生活的意义（统编版教材《道德与法治》（五、四学制）七年级下册第三单元《在集体中成长》第六课《"我"和"我们"》）。

2.正确处理集体利益与个人利益的冲突；勇于承担集体建设的责任（统编版教材《道德与法治》（五、四学制）七年级下册第三单元《在集体中成长》第七课《共奏和谐乐章》、第八课《美好集体有我在》）。

二、活动目标

学生通过创建社团，明确自己在集体中的角色，在社团中承担相应的责任，与社团成员默契合作，支持社团，认同集体，培养责任感和合作意识，正确认识个人与集体之间的关系。在社团活动中能够充分发挥自身的个性和特色，在榜样示范和激励的过程中，养成良好的行为习惯，用个人和团队的力量为他人、为集体解决问题，增强集体责任感。

三、活动实施条件

本次社会实践活动从社团的创建出发，通过结对互助活动、奉城镇敬老院志愿活动等方式了解集体生活的意义，形成集体凝聚力，培养集体责任感。结合区域敬老院开展活动，有助于学生了解社会现状，增强社会责任感，培育责任意识。

四、过程与要求

（一）活动准备阶段

1.活动对象：七年级学生。

2.活动时间：一个学期。

3.活动地点：社团基础活动和风采展示大赛在校内相关专用教室开展，社会实践活动在奉城镇敬老院开展。

4.材料准备。

（1）准备创建社团的申请表。

（2）准备具体的评价标准方案等。

（二）方案实施阶段

1.创建社团。

（1）社团成立机制。学生社团由一名指导教师和两名以上学生发起，并起草社团章程。社团章程的内容包括社团名称、宗旨、主要任务、活动内容、组织机构及其他相关事项，每个社团原则上不少于10人。社团主要分为：文化艺术类、自律互助类、体育类及学术科技类。

（2）社团组织架构。社团的社长由指导教师担任，两名发起学生担任副社长职务，设立人事部、组织部、外联部、宣传部部长各一名，由两位副社长管理。人事部负责管理社员，组织部负责策划社团活动，外联部负责与其他社团沟通交流，宣传部负责布置活动现场、宣传社团活动等工作。社团成员数量一般不超过20名，普通社员具有一定的流动性，可根据具体情况每学期招新调整。

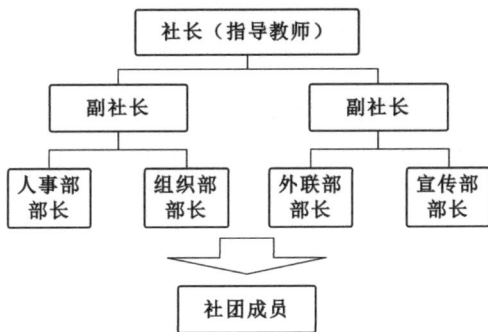

社团组织架构图

（3）社团活动内容。各社团应本着丰富同学们课余生活、拓宽视野的原则，结合自身条件和特点，在教师的指导下，积极开展具有社团特色、内容积极向上的丰富多彩的活动与学习。

2.开展社团活动。

（1）社团基础活动："青蓝"结对互助。学生根据自己的喜好加入不同社团，由于各成员相应的技能基础参差不齐，需要基础好的成员和管理层作为"蓝"同学，在指导教师的协助下，一对一指导基础较薄弱的"青"同学。青蓝协商，根据不同的基础定好指导目标，指导时间至少一个月，结对成员每日做好互助记录。

互助记录表

社团名称:					
指导目标:					
结对成员姓名		"青"			
		"蓝"			
日期	学习内容	"青"的请教		"蓝"的指导	学习效果（自我评价）
		次数	效果	次数	效果	

日期	学习内容	次数	效果	次数	效果	学习效果（自我评价）
"青"对"蓝"评价				"蓝"对"青"评价		
指导教师评价						

（2）社会实践活动："小手牵大手"敬老院文艺演出。在社团基础活动开展了一段时间后，大部分社员已经能够掌握一些技能，在此基础上让社员利用自己的特长，在课余时间把关爱送给奉城镇敬老院的老人们。

敬老院文艺演出分工表

部门	工作内容	工作成果
副社长	确定活动的目标和任务,督促并帮助各部门做好相关工作,加强社员的团结协作,充分调动各方面积极性,协调社员间的关系,引领社团开展工作	敬老院对社团活动的评价

部门	工作内容	工作成果
外联部	在指导教师的帮助下联系敬老院,说明活动目的和初步的设想,确定活动时间及地点,做好活动的初步规划	与敬老院沟通记录
组织部	结合社团特色以及社员个人的特长,组织社员共同讨论、确定文艺演出的节目内容,做好整体流程规划,根据社员的空闲时间安排节目的排练时间以及地点	敬老院文艺演出活动方案/计划
宣传部	制作敬老院文艺演出的宣传海报和条幅,做好爱心宣传。同时安排1—2位没有参与演出的社员在整个活动过程中做好摄像工作,记录社团活动风采	宣传海报和条幅、活动照片及视频
人事部	组织参与表演的社员在排练前进行一定的培训,对社员参与活动的情况进行考评	根据工作成果对社员的考评记录

在每个社团人数较多,但社团总数不多的情况下,以社团为单位开展活动,每周安排一个社团进行文艺演出。在每个社团人数不多,但社团总数较多的情况下,可以几个社团联合开展活动,如合唱社、舞蹈社、乐器社等可以共同排练演出。

(3)学期总结活动:社团风采展示大赛。一学期开展一次社团风采展示大赛,因此各社团在平时的社团活动中要留好文字、照片及视频等记录,为大赛时制作PPT或剪辑视频提供素材。社团风采展示大赛可展示的内容包括社团自身管理建设情况、活动开展情况、未来的建设规划三部分,比赛结果将作为评价标准之一。

五、评价方法与标准

本次社会实践活动评价共有两方面内容,一是以社团活动参与情况作为过程性评价,二是以社团风采展示大赛的结果作为总结性评价。

1.过程性评价：社团内的考评。

（1）社团基础活动：根据互助记录表的填写情况，指导次数最多并且完成指导目标的社员被评为最佳"蓝"同学；请教次数最多并完成学习目标的社员被评为最佳"青"同学。

（2）社会实践活动：根据工作成果和工作态度进行评价，共有A、B、C三个等级。其中，A为优秀，在团队中表现突出；B为良好，在团队中无突出表现；C为不合格，需努力。

2.总结性评价：社团风采展示大赛评比。

比赛由指导教师组成的评委团打分，总分100分，总分最高的社团将被评为最佳社团。

最佳社团评分表

评分项目	具体内容	分值	得分
社团管理建设	考核、奖惩等日常管理制度健全	10	
	学期活动有计划或方案,有活动记录,有总结	10	
	社团凝聚力强	10	
活动开展情况	活动规范,紧密围绕社团活动方案或计划开展	10	
	社团常规活动及时、有效开展	10	
	积极组织社员参加校内外相关活动、比赛等	10	
未来建设规划	有明确的短期目标和长期目标	10	
	对每个社员未来的成长都有一定的规划	10	
	有具体的举措促进社团发展	10	
风采展示效果	综合运用多媒体手段展示社团风采	10	
总分			

六、小结

本次实践活动从学生共同的志趣和爱好出发，组建学生社团，通过角色的分配，树立学生在集体中的主人翁意识。社员之间的结对互助为他们的成长创设了条件，同时增强了学生在集体中的存在感和参与感。通过结对互助引导学生体会个人和集体的关系，帮助学生理解、掌握集体间的沟通交流方法，在集体中发展自我，激发学生为集体建设作贡献的意识。在敬老院文艺演出活动中，学生用自己的特长和技能为集体出力，既给敬老院的老人们带去温暖，也增强了集体荣誉感。最后的社团风采展示能够让学生了解自己为集体所作的贡献，感受到自己是集体的一分子，增加为集体服务的荣誉感。

本次创建社团的社会实践活动，培养了学生的团队合作意识，提升了学生运用个人和团队的力量为他人、为集体解决一些现实问题的能力，在活动中体验做有责任感的人的价值和意义，增强集体责任感。这一点对于学生日后立足于社会、获得事业成功与家庭幸福至关重要。

下编 高中《思想政治》

第六章　指向政治认同素养培育的实践教学案例设计

　　《普通高中思想政治课程标准（2017年版2020年修订）》中指出，学科核心素养是学科育人价值的集中体现，是学生通过学科学习而逐步形成的正确价值观、必备品格和关键能力。思想政治学科核心素养，主要包括政治认同、科学精神、法治意识和公共参与。其中的政治认同，就是拥护中国共产党的领导，坚持和发展中国特色社会主义，认同中华人民共和国、中华民族、中华文化，弘扬和践行社会主义核心价值观。青少年的政治认同是他们创造幸福生活的精神支柱、价值追求和道德准则；发展政治认同素养，才能牢固树立中国特色社会主义理想信念，厚植爱国主义情怀，成为社会主义合格建设者和可靠接班人。

　　培育学生的政治认同素养是落实立德树人根本任务的核心内容之一。政治认同的培育需要思政课教师坚持将"思政小课堂"与"社会大课堂"结合，凸显思想政治课的实践性、生活化和参与性特点。在知识认知的基础上，教师要根据学生已有的生活经验创设情境场景，精心设计社会实践活动，积极整合教学资源、社会资源，拓展教学空间，做到"教学做合一"。教师可以带领学生通过参观、访谈、专题调研等多元社会实践活动，引领学生探访身边好故事，传播中华好声音，在鲜活的情境案例中认同走中国特色社会主义道路是历史的必然，增强"四个意识"、坚定"四个自信"、做到"两个维护"，深刻领悟党的领导是中国特色社会主义制度的最大优势，树立共产主义远大理想。

思想政治学科作为活动型课程，与"贴近时代、贴近生活、贴近学生"的社会实践活动相结合尤为重要。思想政治学科的社会实践活动评价，可以通过过程性评价和总结性评价相结合的方式完成。在培育政治认同素养的学科社会实践活动中，参观与访谈是一种中学生喜闻乐见的社会活动。在活动中，教师需要确定一个既符合课程标准、学科内容，又贴近学生、贴近区域资源的主题，社会实践活动评价不仅要把学生在社会实践活动过程中全程的表现情况和任务完成情况纳入评价的范围，更要关注学生在社会实践活动中的情感、态度和行为，使学生在社会实践活动的真实情境中获得更多的情感体验，培养坚定、正确的政治立场和态度，从而达到培育政治认同学科核心素养的课程目标。

案例 1

寻访红色足迹，追忆百年党史的社会实践活动方案

上海市奉贤中学　张英

一、学科知识链接

中华人民共和国成立前各种政治力量；中国共产党领导人民站起来、富起来、强起来（统编版教材《思想政治》必修3《政治与法治》高一年级春季第一单元《中国共产党的领导》第一课《历史和人民的选择》第一框"中华人民共和国成立前各种政治力量"、第二框"中国共产党领导人民站起来、富起来、强起来"）。

二、活动目标

1.通过小课题研究，探究中国共产党带领中国人民进行革命、建设、改革开放的相关课题，明确没有共产党就没有新中国，并在此过程中锻炼

信息提取及逻辑思维能力，提升科学精神素养。

2.通过开展红色场馆游学活动，在对历史遗址与文物的直观了解中明确中国共产党带领中国人民进行革命、建设和改革开放的奋斗历程，理解中国共产党成为执政党的必然性，培养民族荣誉感与集体意识。

3.通过举办"不忘初心、牢记使命"互动展览，不同小组之间加强交流学习，从交流互动中汲取一代又一代中国共产党人为共产主义理想而奋斗的精神力量，强化团队合作意识并提升政治认同素养。

三、活动实施条件

本次社会实践活动充分利用了上海市丰富的红色教育基地资源，通过游学前的课题研究、红色基地游学以及游学后的互动展览等活动，真正做到以社会为课堂，以实践为教材，让学生在社会实践中了解党的发展历史，有助于学生理解教材内容并提升自身科学精神与政治认同素养。

四、过程与要求

（一）活动准备阶段

1.活动对象：高一年级学生。

2.活动时间：3周（一周课题调研，一周游学及感悟总结，一周策划并举办互动展览）。

3.活动准备。

（1）学生自主组建三个团队——革命组、建设组和改革开放组，根据教材内容创建各组相应时间段内的重要事件时间表，并讨论需要调用的各类资源和技术手段。

（2）学生制订实践项目进程计划表。

（3）教师辅导学生进行游学路线设计、交通规划及游学场馆的预约。

（二）方案实施阶段

1.课题研究。

（1）革命组：以"中国共产党如何带领中国人民实现伟大革命"为主

课题进行探究，明确近代中国的基本国情和主要矛盾，以及三种建国方案的具体内容与前景，并以此为逻辑链条搜索资料，形成调研报告。

（2）建设组：以"中国共产党如何带领中国人民探索社会主义建设道路"为主课题进行探究，明确社会主义制度建立后，中国共产党为巩固和发展社会主义在实践中进行了艰苦探索，在探索过程中形成的经验为改革开放奠定了坚实基础，并以此梳理完整的重要事件时间线，形成调研报告。

（3）改革开放组：以"中国共产党如何通过改革开放实现国富民强"为主课题进行探究。可查阅改革开放的相关资料，体会改革开放如何给中国注入无限活力，了解新时代中国特色社会主义的光明前景，形成调研报告。

2.红色基地游学。

（1）革命组。

游学路线：启程→龙华烈士陵园→中共四大纪念馆→五卅运动纪念碑→返程。

设计意图：让英烈模范成为"教师"。龙华烈士陵园是革命时期著名英烈人物最为集中的纪念地，也是陈延年、陈乔年兄弟的就义地，通过聆听教师对烈士生平的讲解，感受陵园庄严肃穆的氛围，学生在沉浸式体验中感悟伟大建党精神。

让旧址遗迹成为"教室"、让文物史料成为"教材"。中共四大首次明确提出了无产阶级在民主革命中的领导权和工农联盟问题，学生通过游览中共四大纪念馆，可学习了解党在革命道路上的坚定立场和科学领导。此外，观览五卅运动纪念碑、学习五卅运动历史能够帮助学生追忆革命历史、坚定理想信念。

在游学探访过程中，学生能够学习近代中国的基本国情，并明确20世纪上半叶，在中国的出路、前途和命运问题上，中国共产党依靠着自身的先进性和追求真理的信念，最终赢得了最广大人民群众的拥护，带领中国人民走向了新民主主义革命的伟大胜利。

（2）建设组。

游学路线：启程→上海老相机摄影博物馆→江南造船博物馆→上海纺织博物馆→返程。

设计意图：上海是中国工人阶级的发祥地，亦是创新发展的先行者。建设组所选取的三个博物馆分别展示了我国在文化和工业、工业和国防、制造业等事业所取得的辉煌成就。在上海老相机摄影博物馆，学生能够从一个个相机镜头的折射中，学习中国摄影文化以及中国工业的发展史；在江南造船博物馆，学生能够看到中国第一艘潜艇、第一艘自行建造的万吨轮等中国工业和国防发展的"第一"，从中感悟中国力量；在上海纺织博物馆，学生能认识到上海纺织工人在社会主义建设时期的光辉业绩，体悟我国制造业的快速发展为人民提供了优良的物质条件。

通过实地探访各类博物馆，学生能够明确在社会主义建设的初步实践中，我国基本建立了独立的、比较完整的工业体系和国民经济体系，极大地发展了科研、国防、教育等关乎国家综合国力提升的事业，国际地位逐步提高，而这些成就的取得离不开中国共产党的领导。

（3）改革开放组。

游学路线：启程→上海自贸区临港新片区→中国证券博物馆→上海浦东开发开放主题展→返程。

设计意图：改革开放推动了我国经济建设迈向辉煌，而上海作为改革开放的排头兵，在历史变迁中逐渐形成了高质量的开放格局。本组学生所要探索的三个重要地点，见证了上海实施改革开放的过程与成就。通过游览上海自贸区临港新片区，学生能够感受我国书写新时代改革开放篇章、打造世界级前沿产业集群的坚定信心；通过参观中国证券博物馆，学生能够体会到改革开放战略为我国经济体制改革所注入的强大动力；通过观览上海浦东开发开放主题展，学生能够更直观地了解浦东由改革开放的"新兵"逐渐转变为新时代全面深化改革"排头兵"的历程。

通过实地观览与改革开放和经济发展相关的三个场所，学生能更加深刻地理解改革开放的过程、内容及意义，体悟新时代中国发展的"新速度"、中国特色社会主义的"新引领",自觉为中国式现代化贡献青年力量。

（三）交流总结阶段

三个小组开展交流讨论,将游学经历及感悟进行文字化梳理,结合游学前的课题研究形成具有系统性和实践性的课题报告。完成报告后,各小组将游学过程中拍摄的照片、记录的文字等素材进行排版并印制,安排讲解人员开展互动展览活动。通过设置革命、建设、改革开放三个主题的互动展览,促使各小组之间进行深入的交流互助,并引导学生通过学习其他小组的实践成果,丰富自己的知识面,将学习成果进一步升华与巩固,提升学生的理论应用水平与语言表达能力。

五、评价方法与标准

1.过程性评价。

游学活动过程评价表

姓名					所在小组	
活动时间					活动地点	
课题名称						
场馆选择原因简述						
课题成果简述						
课题研究及游学感悟						
自评及评语	1	2	3	4		
互评及评语	1	2	3	4		
师评及评语	1	2	3	4		

2.总结性评价。

游学活动总结评价表

维度		等级			评价
		A	B	C	
一般素养	信息搜集	积极搜集各类资料,能将资料进行合理科学的梳理与总结,信息精准且有参考价值	能够搜索到一定数量的信息,但整体缺乏逻辑性,信息有所偏差	没有掌握科学的信息搜集方法,搜集到的有效信息较少	
	交流合作	积极参与小组内与小组间的研究活动,主动提出建议及发言,耐心倾听和吸纳他人的意见	能与小组内同学进行配合,但缺乏一定的积极性	不愿承担小组任务,很少或完全不与小组成员进行交流	
学科素养	创新迁移	能在学习新知识的基础上融会贯通,创造性地运用学科知识解决现实问题	能基本运用学科知识对现实问题进行合理的分析和论证	知识运用较为僵化,面对现实情景难以变通解决	
	核心素养	展现出了卓越的政治认同、科学精神、法治意识、公共参与核心素养,能做出正确的价值判断和价值选择,并能对其他人起到正面引领作用	具有一定的学科核心素养,在实践中能对出现的问题进行基本准确地辨析	缺乏应有的学科核心素养	

六、小结

教材必修3第一单元第一课《历史和人民的选择》内容基本依循历史逻辑逐一展开,分为中华人民共和国成立前、成立后两个板块,描述中国共产党带领人民历尽千辛万苦创造的历史成就。本单元所有教学内容都围绕一个中心议题："为什么中国共产党的领导是历史和人民的选择"，不难发现本单元最核心的素养目标是发展学生的政治认同，认同"中国共产党成为执政党的必然性"。政治认同素养，不论是从认识的深刻性、思维的逻辑性、视野的开阔性，还是行为的一致性、自觉性等方面都是逐层递进、不断攀升。因此，本次活动充分利用了上海红色教育场馆资源，以历史发展脉络为依据，设置革命组、建设组以及改革开放组三个小组，并为三个小组设计安排不同的课题研究任务与游学路线，最终通过互动展览的形式融汇各个小组的学习成果，实现针对性与全面性的统一。学生的团队协作能力、科研创新能力等都得到了大幅提升，并最终达成增强荣誉感与责任感的目的，有效培育学生的政治认同素养。

案 例 2

走访基层党群服务中心，
体悟以人民为中心的社会实践活动方案

上海市奉贤区景秀高级中学　展姿

一、学科知识链接

1.始终坚持以人民为中心；发挥共产党员的先锋模范作用（统编版教材《思想政治》必修3《政治与法治》高一年级春季第一单元《中国共产党的领导》第二课《中国共产党的先进性》第一框"始终坚持以人民为中心"、第二框"始终走在时代前列"）。

2.坚持和加强党的全面领导（统编版教材《思想政治》必修3《政治与法治》高一年级春季第一单元《中国共产党的领导》第三课《坚持和加强党的全面领导》）。

3.人民群众是社会历史的主体（统编版教材《思想政治》必修4《哲

学与文化》高二年级秋季第二单元《认识社会与价值选择》第五课《寻觅社会的真谛》第三框"社会历史的主体"）。

二、活动目标

1.通过走访基层党群服务中心，让学生了解党员先进事迹，体悟党员的先锋模范作用，理解中国共产党始终走在时代前列的原因，感悟中国共产党的先进性。

2.通过走访体验基层党群服务中心的工作，促使学生加深理解中国共产党始终坚持以人民为中心的执政理念，全心全意为人民服务的根本宗旨，感受中国共产党的全面领导，认同党的领导是中国特色社会主义最本质的特征，增强学生对党的政治认同。

3.通过社会实践活动，磨砺学生的品格，提升学生的公共参与意识，培养学生搜集、处理文献资料和有效信息的能力，提高学生分析、解决问题的能力，促进学生沟通合作能力的增强。

三、活动实施条件

本次社会实践活动借助上海市奉贤区基层党群服务中心平台，让学生通过实践调研活动走进基层党群服务中心，走访党员先进事迹，跟随党员进行志愿服务，探究基层党组织为人民群众服务的现状，感受中国共产党全心全意为人民服务的宗旨和始终坚持以人民为中心的理念，增进对中国共产党领导的政治认同，积极参与公共事务。

四、过程与要求

（一）活动准备阶段

1.活动对象：高二年级学生。

2.活动时间：3周。

3.活动准备。

（1）初步收集基层党群服务中心的相关资料。学生对基层党群服务中心并不是非常熟悉，通过查阅、收集资料能够为后续实践活动做好铺垫，减少实践活动的盲目性，提高活动效率。

（2）学生按照探究专题分组，在老师的帮助下同有关基层党群服务中心负责人联系，按约定时间前往基层党群服务中心进行实践活动。

（3）教师准备各组评价标准，确定优秀实践成果、优秀调查小组等的奖励方案，为评价参与实践活动的学生提前做准备。

4.探究专题。

（1）初步调查，掌握居民对基层党群服务中心的知晓和使用情况。

（2）深入体验，走访基层党群服务中心，体会中国共产党的全面领导。

（3）走近党员，投身志愿服务，感受先进事迹，领悟先锋模范作用。

（4）宣传制作，编辑宣传基层党群服务中心画报、视频等，传播以人民为中心的理念。

（二）方案实施阶段

1.分组分工。

本次实践活动根据四个专题将学生分为问卷调查组、工作体验组、志愿服务组、宣传制作组四个小组，然后按逻辑顺序展开分工。首先，问卷调查组对居民进行调查，了解其对党群服务中心的知晓和使用情况；然后，工作体验组实地走访、体验党群服务中心的工作是如何开展的，中国共产党的全面领导是如何通过党群服务中心体现的；同时，志愿服务组跟随党员进行志愿服务，探访党员先进事迹，感受其先锋模范作用；最后，宣传制作组将实践活动成果制作成画报、视频等进行宣传。分组时要确保每一位同学都能积极参与活动并发挥自身作用，每小组经过民主推荐或自荐产生小组负责人，负责协调本小组的实践任务。

2.调查探究。

在限定的时间内，各小组根据本小组的任务进行实践活动，在此过程中通过拍照、留档记录等方式收集资料。需要进行实地走访体验的小组应提前与基层党群服务中心的相关负责人预约，在此期间，需要电子设备全程记录体验过程，在体验结束后尽快整理出视频、图片或文字资料，以便后期总结成果时使用。

（1）问卷调查组：通过问卷调查，了解居民对基层党群服务中心的知晓情况，把握基层党群服务中心在人民群众当中的使用情况。

本小组学生可在老师的指导下，进行资料的查阅学习，以及调查问卷的设计、发放和回收工作，通过调查问卷了解和掌握居民群众对党群服务中心的知晓与使用情况。问卷回收后学生在老师的指导下进行分析，发现居民对基层党群服务中心的知晓程度和使用问题，然后得出结论：虽然基层党群服务中心就在居民身边，大多数居民知道它的存在，但对它的具体工作内容、职责并不是很了解，到基层党群服务中心的居民远不如去居委会和物业的多。本小组将从调查中发现的问题与整个实践活动团队进行沟通，以便实践环节更有针对性地根据问题走访了解基层党群服务中心的工作展开情况，进而在实践中寻找破解问题的方法。

（2）工作体验组：进行基层党群服务中心的实地体验，在真实的工作中体悟中国共产党始终坚持以人民为中心的初心使命。

本小组学生可以跟随基层党群服务中心的工作人员进行工作体验，了解党群服务中心的工作内容和职责，体验党群服务中心的日常，体验结束后学生对自己实地体验的工作内容、体验感受等进行归类整理，得出结论：党群服务中心是面向党员、基层干部、入党积极分子和周边群众开展党务政策咨询、办理党内业务、传播党建理论知识、提供党员政治生活的场所。其工作范围包含提供党建指导、党群服务、教育管理、创业服务、人才联络、志愿帮扶、干部下沉挂钩及文化、便民、医疗、养老、教育、助老等党政联系服务基层的内容。学生通过工作体验深入理解中国共产党的领导是全面的、系统的、整体的，明白党始终发挥着总揽全局、协调各方的作用。

（3）志愿服务组：跟随党员进行志愿服务活动体验，同时收集党员的先进事迹，在志愿服务和党员先进事迹中深刻领悟党员的先锋模范作用。

本小组学生可通过志愿服务和访谈党员先进事迹等方式进行实践活动。首先，学生在老师的帮助下提前联系好党员，跟随党员进行志愿服务活动，了解党员志愿服务的内容。在此期间，学生参与志愿服务，感悟党员的先锋模范作用，培养自身公共参与的意识。之后，学生跟随党员参与志愿服务活动，采访党员，了解党员的一些先进事迹，对采访过程及内容进行记录整理留档。最后，经过志愿服务体验和采访党员，得出结论：党员的先锋模范作用是通过自己的骨干、带头和桥梁作用，影响和带动身边群众共同贯彻党的基本理论、路线和方针的，党员先锋模范作用做得好，党群关系就会好，党的执政地位才会更加巩固。

（4）宣传制作组：可将工作体验组及志愿服务组实地体验、参与和收集到的党群服务中心的工作情况，党员志愿服务的先进事迹等内容制作成画报、视频等进行广泛宣传。

本小组学生对上一环节小组学生体验、收集的内容进行再加工，将工作体验组在参与基层党群服务中心工作时的体验图片、视频等进行制作，规范整理基层党群服务中心的工作职能；将志愿服务组成员跟随党员在志愿服务活动中的体验及党员的先进事迹等制作成画报、视频等，方便后续在学生及居民中进行广泛宣传。宣传制作组通过对本次社会实践活动成果的可视化制作及宣传，能够让学生和居民更深入地了解基层党群服务中心，感受党员的先锋模范作用和党始终坚持以人民为中心的理念，巩固党在人民心中的地位。

（三）交流总结阶段

社会实践活动结束后，各小组将收集的资料进行整理、汇总，形成一份实践报告。学生就本次实践活动进行感受分享和经验总结，同时将制作的画报、视频等宣传资料进行广泛宣传，比如，把视频投放到居民电梯中，将画报放在小区宣传海报栏等便于居民看到的地方。让学生和群众了解基层党群服务中心，感悟中国共产党始终坚持以人民为中心的理念。最后，基于本次社会实践活动结果，学生结合自身责任和发展谈谈未来向党组织靠拢的规划。

五、评价方法与标准

本次社会实践活动围绕基层党群服务中心展开，学生主要以走访的形式参与其中，因此，活动评价主要以培育学生核心素养和鼓励学生发展为目的，从实践的过程和结果两个方面进行，注重学生在实践过程中的体验和感受。

1.针对实践过程的评价。

本次社会实践活动分了四个不同实践任务的小组，因此评价时，对每个小组及组员不能一概而论，要从自评、互评、组长评、老师评和居民代表评等多个角度综合考量，通过"重综评，轻量化"的方式评出优秀实践组员、进步奖等多个奖项，鼓励学生积极参与，促进学生能力发展。

（1）对问卷调查组及组员的评价。问卷调查组主要进行问卷的设计、发放及回收分析，对问卷调查组的评价，主要看学生在问卷设计、分析的过程中，是否对问卷的设计和结论的分析提出了建设性、创新性的建议；在问卷的发放和回收过程中，是否积极参与其中。

（2）对工作体验组及组员的评价。工作体验组主要跟随基层党群服务中心工作人员进行日常工作体验，故评价侧重于学生是否积极进行工作体验；在体验工作中都学到了什么，对自身有什么影响，对党的领导的认识有无深层感悟。

（3）对志愿服务组及组员的评价。对志愿服务组进行志愿服务活动和采集党员的先进事迹的评价，主要看学生是否积极参加志愿服务活动，了解志愿服务对象对学生开展的志愿服务有何评价，学生是否积极采集党员先进事迹。

（4）对宣传制作组及组员的评价。宣传制作组主要进行画报、视频、文字等实践成果的宣传制作。对本小组及组员的评价侧重于学生是否发挥所长积极进行画报、视频等的制作，在参与制作的过程中是否提供有效的创意或建议等。

2.针对实践结果的评价。

本次社会实践活动中四个小组的任务分工不同，实践结果也有所不同，但组与组的实践结果之间具有内在的逻辑联系。因此，对小组实践结果的评价，侧重于整个团队的成果，通过评价实践结果在整个实践活动中的作用，评出优秀实践成果、优秀实践小组等。

（1）对问卷调查组实践结果的评价。对问卷调查组实践结果的评价主要依据问卷调查的结果分析，评析得出的结论是否科学、可探究，其结论对后续的实践活动是否具有推动作用。

（2）对工作体验组实践结果的评价。工作体验组的结果主要在于对学生工作体验过程的记录，对此评价侧重于记录的材料是否对后续的宣传制作有用、可用。

（3）对志愿服务组实践结果的评价。志愿服务组的结果有志愿服务过程的记录和党员先进事迹的收集，对此评价侧重于志愿服务过程中的图片、视频和党员的先进事迹是否为宣传制作组的制作提供了可用、有价值的材料。

（4）对宣传制作组实践结果的评价。宣传制作组通过制作画报、视频等方式对基层党群服务中心进行宣传，让基层党群服务中心走入群众心中。针对该组可以采用宣传效果的现实性评价，宣传的效果可通过走近居民，询问是否注意到了视频的宣传，是否更加了解基层党群服务中心，遇到问题是否更愿意求助基层党群服务中心等问题，根据居民的反馈结果进行评价。

六、小结

本次实践活动之所以选取基层党群服务中心（本例中采用中心的名称，各地略有不同，有的叫站，也有的叫点）为平台，是因为基层党群服务中心是党组织联系群众的纽带，距离群众近，在为人民群众服务中发挥着重要的作用。党群服务工作做得好不好，关系到党在群众心中的威望，关系到党在群众中的根基，更关系到党的执政地位。

本次实践活动借助上海市奉贤区基层党群服务中心进行设计。以实地调查居民对基层党群服务中心的知晓、使用情况为起点；通过工作体验和志愿服务，探究基层党群服务中心的工作，走近党员，感悟其先锋模范作用；将基层党群服务中心全心全意为人民服务的各方面以画报、视频等形式进行宣传，扩大基层党群服务中心的影响力，助推其在群众心中树立新形象。根据这一实践逻辑顺序，活动划分为四个小组，每个小组的人数并无严格限定，可根据四个专题任务自由调配，小组之间是相互联系的有机整体。评价时，根据四个小组和四个专题的划分，对学生实践的过程和结果进行综合性评价，鼓励学生积极参与实践活动，提升学生的核心素养，让学生感悟中国共产党坚持以人民为中心的理念。

在本次实践活动中，学生首先通过问卷调查组进行居民调查，坚持从群众中来到群众中去，用科学的精神开展实践活动；然后通过工作体验和志愿服务，积极参与、体验和感悟，在潜移默化中培养自身的公共参与意识；最后将实践成果以画报、视频等方式呈现，助推基层党群服务中心的发展，坚定对中国共产党的政治认同，提升对加入中国共产党的向往之情，努力在未来的学习和生活中积极向党组织靠拢，争做党在新时代的接班人。

案例 3

党建引领走好乡村振兴之路的社会实践活动方案
——以上海"乡村振兴示范村"吴房村为例

上海市奉贤区致远高级中学　王青

一、学科知识链接

1.公有制的主体地位及其体现（统编版教材《思想政治》必修2《经济与社会》高一年级秋季第一单元《生产资料所有制与经济体制》第一课《我国的生产资料所有制》）。

2.新发展理念（统编版教材《思想政治》必修2《经济与社会》高一年级秋季第二单元《经济发展与社会进步》第三课《我国的经济发展》第一框"坚持新发展理念"）。

3.以人民为中心；党的全面领导（统编版教材《思想政治》必修3《政治与法治》高一年级春季第一单元《中国共产党的领导》第二课《中国共产党的先进性》第一框"始终坚持以人民为中心"，第三课《坚持和加强党的全面领导》）。

二、活动目标

1.通过查阅资料，了解中国共产党领导下不同历史时期的农村政策；明确坚持公有制的主体地位，理解以公有制为主体是实现共同富裕的基本前提。

2.通过研究性学习活动，了解党和政府为了满足人民的美好生活需要所做的努力，增强团队合作的多元发展和协作能力，提升运用学习内容分析现实问题的能力，培养政治认同素养。

3.通过小课题研究，从党带领广大人民走出一条具有中国特色的农业现代化发展道路的现实过程中，培养历史责任感和社会责任感。

三、活动实施条件

本次社会实践活动结合了区域资源——吴房村逆袭蜕变的过程，让学生通过实践探究活动，了解基层党组织在助力乡村振兴工作中的领导作用。借助区域资源有助于学生更便利地开展本次社会实践活动，也有助于学生更深刻地理解学科内容。

四、过程与要求

（一）活动准备阶段

1.活动对象：高一年级学生。

2.活动时间：2周。

3.活动准备。

（1）学生根据分组及活动场所的不同，可在老师的帮助下通过互联网及图书馆查阅相关资料，联系村委会干部、村民、企业代表等，进行实地参观、开展访谈活动。

（2）教师根据探究专题将班级学生分成四个小组，进行实践活动。

4.探究专题。

（1）新中国成立以来，我国不同历史时期的农业农村政策。

（2）吴房村党组织在乡村治理中是如何发挥引领作用的。

（3）发展壮大农村集体经济对吴房村转型发展的作用。

（4）坚持新发展理念引领吴房村实现转型发展。

（二）方案实施阶段

1.建立团队，小组分工。

通过拓展阅读，回顾新中国发展史，围绕"新中国成立以来，我国不同历史时期的农业农村政策"，探究"吴房村党组织在乡村治理中是如何发挥引领作用的""发展壮大农村集体经济对吴房村转型发展的作用"和"坚持新发展理念引领吴房村实现转型发展"等问题，探寻吴房村实现旧村变"桃源"的原因。

按实践探究专题将学生分为四组进行实践活动，在分组过程中确保每一位同学都能参与到活动中来，使学生有强烈的参与感。各组通过进行民主推荐，产生本小组组长和副组长，负责协调本小组活动。

2.检索资料，调查访谈。

在规定时间内，第一小组通过互联网或到奉贤区档案馆等场馆进行学习，查阅、收集相关资料，了解我国不同历史时期农业发展面临的问题和相应对策，并对收集到的资料进行汇总、整理。

其他三个小组根据小组探究专题前往吴房村进行调研，调查和记录过程以短视频、照片留档等方式进行记录。需要进行访谈的小组要提前与当事人进行预约，然后按照访谈提纲进行访谈，并在访谈结束后及时整理出文字稿以便小组在总结时使用。

（1）第一小组：新中国成立70多年来，中国共产党根据形势的变化和社会主义建设与改革的要求，适时调整、改革和完善农村政策。社会主义革命和建设时期，颁布《中华人民共和国土地改革法》，开展土地改革，进行农业社会主义改造，兴修农田水利；改革开放和社会主义现代化建设新时期，改革从农村突破，确立以家庭承包经营为基础、统分结合的双层经营体制，解放和发展了农村生产力，取消农产品统购统销、乡镇企业蓬勃发展；进入新时代，农村是全面小康的主战场，打赢脱贫攻坚战、实施乡村振兴战略，推进农业供给侧结构性改革，解决农业农村突出环境问题，加快推进生态文明体制建设……

本组学生通过在互联网查阅资料，前往奉贤区档案馆进行主题式学习等实践方式，得出结论：中国共产党在不同时期实行的农村政策，是党的初心和使命最生动的诠释，调动了亿万农民的积极性，带领亿万农民走出了一条具有中国特色的农村发展之路。

（2）第二小组：吴房村充分发挥党建引领作用，盘活集体资源，激发乡村活力，借助探索国企参与乡村振兴的新模式，着力构筑以黄桃为特色的现代农业发展框架，以组织振兴引领乡村振兴，绘就生产生活生态融合发展的"吴房式蓝图"；通过"吾家吴房"议事会，搭建起党员带领群众对村里事、小组事、邻里事协商共议的议事平台；积极动员党员带头报名，培育"法治带头人""法律明白人"等法律服务队伍；组建"行走的篱笆"护村队、宅基"老娘舅"团队等，发挥群防群治力量。

本组学生采用实地走访村委会、调查访谈的方式进行实践活动，通过访谈后整理资料得出结论：吴房村坚持党建引领，实现基层党建和乡村治理的深度融合，不断构建起自治、法治、德治相结合的基层社会治理体系，为推动吴房村乡村振兴提供强有力支撑。

（3）第三小组：吴房村通过盘活宅基地与集体建设用地，村集体向村民租赁闲置的宅基房，经过规划、设计，重新改造后，引入名人工作室、民宿、企业等业态，以企业税收为抓手壮大村集体经济，让吴房村众多闲置的老房子发挥价值。全村农户根据农龄持有股份，部分集体收益根据股份占比分红给农民。

本组学生采用实地参观村史馆、调查访谈的方式进行实践活动，通过对吴房村入驻企业、村民收入、纳税情况等的对比，得出结论：吴房村通过土地流转的租金、集体企业分红的股金和劳动薪金实现增收，不断增强农村集体经济发展活力，让村民们有更多的获得感、幸福感、安全感。

（4）第四小组：吴房村依托黄桃产业特色，正着力加强一二三产业融合发展，大力开发文创和乡村旅游产业，力争形成"黄桃+文创+旅游"的农商文旅多产业、多要素共同发展的新模式。充分利用江南水乡赋予的自然生态禀赋，整体设计尊重自然生态景观，以保护村庄自然生态肌理、整治村庄风貌、提升居住环境为基础，打造生态宜居乡村。

本组学生通过在互联网查阅资料、实地走访的方式进行实践活动，从新发展理念的五个方面，即创新、协调、绿色、开放、共享，有效进行资料的收集与整合，并在整理资料后得出结论：吴房村在基层党组织的领导下，牢固树立并切实贯彻新发展理念。

（三）交流总结阶段

实践活动结束后，各小组进行资料整理，形成一份探究报告，并利用PPT、短视频、主题小报等多种形式在课堂上进行展示、交流。同时，结合小组探究成果，提出对自己家乡未来发展的建议。

五、评价方法与标准

本次社会实践活动评价分为过程性评价和总结性评价。

1.过程性评价。

每一位小组成员在活动过程中进行评价表记录，并在社会实践完成后进行自评、互评。评价共分为A、B、C三个等级。其中，A为优秀，在团队中表现突出；B为良好，在团队中无突出表现；C为不合格，不积极完成任务。每个团队中，A级占比15%，B级占比70%，C级占比15%。

社会实践活动评价表

活动主题			
活动内容			
评价环节	评价内容	自评	互评
自主学习	小组活动前,自主预习学习内容,收集材料		
	综合运用所学知识对同类生活情境进行分析和判断		
团队合作	承担小组任务		
	倾听他人观点		
	为团队提供建议和意见		
	承担课堂交流分享(演讲、PPT、主题小报、微视频等)		

2.总结性评价。

在所有小组学生完成调研报告、课题交流分享后,每个小组就本组整体表现进行点评,整合各小组的交流内容,结合吴房村发展之路,提出对家乡发展的建议,教师根据学生表现给出评价。

评价等级:

A:对本小组整体表现进行有效点评;能整合四个小组的交流内容进行经验总结;能结合学科内容,提出对家乡发展的两点以上建议。

B:对本小组整体表现进行点评;能整合至少两个小组的交流内容;能结合学科内容,提出对家乡发展的建议。

C:未能对本小组整体表现进行点评;不能整合其他小组的交流内容;未能提出建议。

教师结合两次评价结果,给出综合评价结果。

六、小结

高中思想政治课是一门活动型课程,其课程内容应紧密结合社会实践,课程实施应突出实践性特征。本次学科实践活动通过议题式教学展开，让学生通过四个实践探究课题，拓展思维。活动设计主要关注以下四个方面。

团队合作意识的培养。在活动中，既有小组成员个体优势的充分展现，又有同学之间的生生合作和教师的及时指导。

理论联系实际能力的增强。学生在活动中分析相关实际情况，运用理论知识解决现实问题，不仅能够加深对学科内容的理解，也能提升分析问题、解决问题的能力。

学科核心素养的落实。通过本次活动，学生学会了如何去接触、了解社会生活，初步掌握进行社会调查和完成调查报告的能力和技巧，培育和落实政治认同、公共参与等学科核心素养。

学生主体作用的发挥。学生是学科实践活动的主体，本次学科实践活动从方案的确定到活动成果的展示，充分显示了学生的主体作用，教师在其中主要起到指导与辅助的作用。

案 例 4

模拟政协提案形成的社会实践活动方案
——以《关于"双减"背景下优化中小学特色课程设置的建议》提案为例

上海市奉贤区致远高级中学　翁海亮

一、学科知识链接

1.中国共产党领导的多党合作和政治协商制度（统编版教材《思想政治》必修3《政治与法治》高一年级春季第二单元《人民当家作主》第六课《我国的基本政治制度》第一框"中国共产党领导的多党合作和政治协商制度"）。

2.坚持党的领导（统编版教材《思想政治》必修3《政治与法治》高

一年级春季第一单元《中国共产党的领导》第三课《坚持和加强党的全面领导》第一框"坚持党的领导")。

3.最广泛、最真实、最管用的民主(统编版教材《思想政治》必修3《政治与法治》高一年级春季第二单元《人民当家作主》第四课《人民民主专政的社会主义国家》第一框"人民民主专政的本质：人民当家作主")。

二、活动目标

1.通过查阅相关资料，了解国家有关"双减"的相关政策。通过人民网、新华网等主流媒体网站，了解各地自"双减"以来学校课后服务课程开设的相关情况。

2.通过走访、调研城区优质小学、初中、九年一贯制学校，乡镇初中、九年一贯制学校，乡村初中以及区教育局、财政局，了解不同区域、不同类型的学校，针对特色课程的开设情况，了解区域层面"双减"工作的推进情况，增强组织、沟通、协调能力，学会分工合作，在调研中掌握一手资料，为调研视频制作、调研报告和提案的撰写打下基础。

3.通过模拟人民政协提案的形成过程，体验人民政协的活动组织形式、议事规则等，了解中国特色社会主义民主政治协商制度的相关知识，提高发现问题、分析问题、解决问题的能力，践行社会主义核心价值观，全面提升政治认同、科学精神、法治意识和公共参与素养，坚定中国特色社会主义道路自信、理论自信、制度自信、文化自信。

三、活动实施条件

本次社会实践活动立足区域资源，结合青少年模拟政协活动，组织参加活动的学生团队，确定提案的选题，引导学生了解提案的缘由、问题的现状，模拟政协提案的形成过程。

四、过程与要求

（一）活动准备阶段

1.活动对象：模拟政协社团的学生。

2.活动时间：4周。

3.活动准备。

（1）学生根据选题确定调研对象，准备调研问题，制作调研问卷，初步收集有关学校"双减"推进情况的资料。分别到城区优质小学、初中、九年一贯制学校，乡镇初中、九年一贯制学校，区教育局、财政局，进行实地走访、访谈活动。

（2）准备调研期间使用的摄像机、电脑等设备。

（3）教师结合青少年模拟政协展示活动，准备优秀调研视频、调研报告、提案的评价方案。

4.探究专题。

（1）"双减"背景下，学校的课后服务课程开设情况以及存在的问题。

（2）在课后服务中，教师在开发课程方面遇到的问题。

（3）学生对学校课后服务课程的需求以及存在的问题。

（4）家长对学校课后服务的看法以及参与情况。

（5）区政府、区教育局对"双减"工作的政策支持与推进情况。

（二）方案实施阶段

1.小组分工。

模拟政协活动小组至少要有6名成员，根据调研活动以及参加全国和上海市模拟政协活动的需要进行分工，1人负责摄像，1人负责拍照，1人负责记录，3人负责调研现场的访谈与互动，访谈对象有学校管理者、教师代表和学生代表。

2.调查访谈。

（1）小组成员根据前期的预约联系与时间安排，逐一走访区教育局、财政局，城区和乡镇不同类型的学校，结合预设的访谈提纲，分别与学校管理者、教师代表、学生代表进行访谈，并对访谈过程进行记录，收集访谈资料。

（2）在学校实施课后服务阶段，实地查看学校课后服务开展情况，注意活动过程中的资料收集。

（3）调研小组将前期制作的针对教师、家长和学生的课后服务电子问卷下发，进行网络调研，收集相关数据与信息。

（三）梳理总结阶段

调研小组将调研的资料进行梳理、汇总、提炼、修改，制作时长在3分钟内的视频，切实反映提案小组的调研过程，有采访、调查的经过和细节，主次分明，重点突出，富有创意，体现专业水准。

撰写格式规范、3000—4000字的调研报告，1200—1500字的提案；制作层次清晰、简洁明了、反映提案内容的展示交流PPT。

完成报告和提案文本后，邀请政协委员、专家对调研报告和提案的完善进一步提出指导意见。

五、评价方法与标准

本次社会实践活动评价分为过程性评价与社会影响力评价两部分。

（一）过程性评价

1.活动记录。

活动记录是模拟政协活动特有的记录性反馈工具之一。在青少年模拟政协活动中，通过活动记录有利于指导教师跟进学生社会实践的情况，了解任务的进度与效果，不局限于时间，随时肯定学生的社会实践工作。

中学生社会实践活动记录表

活动名称			活动日期	
指导老师		参加学生（班级）	活动地点	
活动目的				
活动过程				
自我评价				
互相评价				

2.活动日志。

社会实践研究日志就是记录实践过程中的点点滴滴，可以记录一些琐事，写下心情，与同学、老师甚至朋友、家人分享自己的喜怒哀乐、生活的情节、活动中的困难等，以便大家相互交流。

（二）社会影响力评价

社会影响力评价是用来评价在一定社会环境中，实施预先设想项目的内容对环境改变带来的影响。

一方面，学生的优秀模拟政协提案有可能提交至全国政协会议，增强活动的影响力。2017年，奉贤中学联合常州市第三中学《关于进一步加快落实环卫工人权益的提案》由全国政协委员、南京艺术学院教授徐利明提交至全国政协会议；2019年，奉贤中学学生《关于进一步整治老年保健食品欺诈和虚假宣传的提案》由全国政协委员、时任上海开放大学校长袁雯提交至全国政协会议。另一方面，社会舆论环境也是影响中学生社会参与的一种因素，它犹如市场经济中的"价格信号"，作用不应被忽视。学生提案由全国政协委员提交至全国政协大会，并获得相关部门答复函；《青年报》、《新闻晨报》、《中学生报》、上海《教视新闻》等多家媒体对模拟政协活动进行了报道；全国政协委员、上海科技馆馆长倪闵景接受《青年报》访谈时点赞学生模拟政协活动等，都能反映出模拟政协活动的社会影响力。

六、小结

本次社会实践活动的设计主要聚焦以下三方面：

问题导向。统编版高中思想政治教材对我国中国共产党领导的多党合作和政治协商制度有很深的理论阐述，但由于实践上的缺乏，学生理解上有困难，感悟浅显，并没有真正认识我国这一政党制度的现实意义。青少年模拟政协活动作为一项教育实践活动，顺应了当前教育改革的需要，为解决学生理论与现实的脱节问题，提供了很好的实践平台。

价值引领。模拟政协活动是以中国人民政治协商会议为学习对象，借鉴其会议组织、提案形成等方面的制度规定和会议形式，结合青少年学生特点和高中思想政治课教学，探索创新思政课教学改革、技能培养等方面的全新特色社会实践活动。既是高中思想政治课程的典型课外实践，也是高中综合能力培养的特色社团活动。通过参与相关活动，青少年提升对思想政治课及相关实践活动的兴趣和热情，积极践行协商民主，发扬基层民主，创新民主形式，真正参与到国计民生的发展中来，为社会发展建言献策。

项目化推进。本次实践活动借助了青少年模拟政协的活动平台，结合"双减"背景下义务教育学校特色课程设置这一热点来设计。2021年7月，中共中央办公厅、国务院办公厅印发的《关于进一步减轻义务教育阶段学生作业负担和校外培训负担的意见》受到社会普遍关注，如何优化课后服务的课程设置，更好满足学生和家长需求，是一个亟待解决的民生问题。依托青少年模拟政协活动提案展示项目，展开小组探究专题的调查研究，基于调研数据等资料，完成展示视频、调研报告以及提案的撰写，并最终在青少年模拟政协活动平台完成展示。

第七章　指向科学精神素养培育的实践教学案例设计

　　《普通高中思想政治课程标准（2017年版2020年修订）》中指出，科学精神就是在认识世界和改造世界的过程中表现出来的一种精神取向，即坚持马克思主义的科学世界观和方法论，能够对个人成长、社会进步、国家发展和人类文明作出正确的价值判断和行为选择。作为一种总体精神取向，科学精神强调的是科学的世界观和方法论，重点关注人们在面对是非对错、美丑善恶时的价值判断和行为选择。从学科本质角度看，科学精神就是坚持辩证唯物主义和历史唯物主义的基本观点，领会习近平新时代中国特色社会主义思想，立足于社会变革和创新发展的时代要求，解放思想、实事求是、与时俱进、求真务实，把握经济、政治、文化、社会和生态文明实践的规律。从学科育人价值角度看，科学精神聚焦学生正确价值取向、道德定力以及辩证思维能力的培育。

　　指向培育科学精神素养的社会实践体现了思想政治课程是活动型学科课程的特色与理念。活动型课程的基本内涵是学科内容采取基于社会实践活动的课堂模拟活动、探索活动和思维活动等方式呈现，即"课程内容的活动化"。为彰显学科课程特色，教师可以组织丰富多样的社会实践活动，即"活动设计内容化"，通过活化思政大课堂形式，优化课程内容，在活动中促进学生对基本学科知识，尤其是对马克思主义科学的世界观和方法论的掌握，提升学生的思维品质和思维能力，帮助学生涵养正确的世界观与方法论，最终促进学生对学科课程及其内蕴价值取向的自然接受、广泛认同以及深度践行。

在科学精神素养培育的学科社会实践活动中，社会调查是比较常见也是较为有效的社会实践活动。活动评价可以分为过程性评价与总结性评价。过程性评价中可采用组内自评、互评和组长评价的方式，对学生完成实践任务的过程进行评价，旨在深入探索学生成长成才的复杂性和规律性。过程性评价更关注学习主体亲力亲为的思维过程，即学生运用马克思主义基本立场、观点和方法，在实践活动中发现问题并解决问题时所表现出来的思维品质。总结性评价以系统的观点对学生的知识与能力、过程与方法以及情感态度与价值观等成长成才的关键要素进行全面考察和评价，依据科学精神所包含的思维品质、价值取向和行为选择等要素来评价学生在实践活动中的学习结果和任务完成情况。新时代新征程要求青年学生进一步解放思想，不断深化对客观事物及其规律的认识，在深入调查研究的实践中增强本领、提高能力。

案 例 1

探究马克思主义经典著作时代价值的社会实践活动方案
——以《共产党宣言》为例

上海市奉贤区奉贤中学　张晓交

一、学科知识链接

1.科学社会主义的理论与实践（统编版教材《思想政治》必修1《中国特色社会主义》高一年级秋季第一课《社会主义从空想到科学、从理论到实践的发展》第二框"科学社会主义的理论与实践"）。

2.科学的世界观和方法论（统编版教材《思想政治》必修4《哲学与文化》高二年级秋季第一单元《探索世界与把握规律》第一课《时代精神

的精华》第三框"科学的世界观和方法论")。

3.社会历史的发展（统编版教材《思想政治》必修4《哲学与文化》高二年级秋季第二单元《认识社会与价值选择》第五课《寻觅社会的真谛》第二框"社会历史的发展"）。

4.实现中华民族伟大复兴的中国梦（统编版教材《思想政治》必修1《中国特色社会主义》高一年级秋季第四课《只有坚持和发展中国特色社会主义才能实现中华民族伟大复兴》第二框"实现中华民族伟大复兴的中国梦"）。

二、活动目标

1.通过查阅资料，了解《共产党宣言》（以下简称《宣言》）的主要内容及其发表意义；明晰马克思主义哲学的历史使命、基本特征；理解唯物史观揭示的人类历史的发展规律；了解中国共产党人如何在《宣言》精神的引领下不断坚定初心使命。

2.通过深度阅读等活动，加强对马克思主义经典著作的理解和阐释分析能力，提升独立思考、合作探究的能力。

3.通过参观访问、案例研究与阐释活动，激发学习理论的兴趣，培养追求真理的科学精神，深化对时代责任的思考。

三、活动实施条件

本次社会实践活动结合《宣言》的文本和区域红色资源馆，通过深度阅读及实践探究活动，带领学生了解经典著作中蕴含的科学理论，明确其翻译及传播过程促进了中国共产党的诞生，引发学生结合中国国情思考经典著作的不朽价值。

四、过程与要求

（一）活动准备阶段

1.活动对象：高二年级学生。

2.活动时间：2周。

3.活动准备。

（1）学生根据探究专题进行分组，初步收集相关资料，可在老师的帮助下与单位有关负责同志联系，分四组进行实践探究活动。

（2）教师依据评比标准确定优秀调查成果展示方案、优秀调查小组等的奖励方案。

4.小组实践探究专题。

（1）《宣言》的主要内容及其发表意义。

（2）从《宣言》看马克思主义哲学的历史使命和基本特征。

（3）从《宣言》看社会历史发展规律。

（4）从《宣言》看新时代中国共产党的历史使命。

（二）方案实施阶段

1.分组分工。

《宣言》的发表标志着马克思主义的诞生，《宣言》揭示了"两个必然"的趋势，对全世界的无产阶级革命运动起到了推动作用。《共产党宣言》展示馆（以下简称"宣言馆"）主要介绍《宣言》中文版首译者陈望道的生平事迹，展示《宣言》在中国的翻译出版与传播历程。

学生根据四个专题分四个小组开展实践活动，活动正式开始前通过民主推荐产生各小组负责人，负责指挥协调本小组具体活动，确保每位同学都能积极主动参与活动并为活动建言献策。

2.活动记录。

各小组根据实际需求开展活动并记录过程，及时整理出文字稿以便小组总结时使用。

（1）第一小组：阅读《宣言》中的部分片段并归纳大意，梳理文章核心内容，感悟《宣言》发表的意义，并用文章中的论点回答问题：

目前世界上绝大多数发达国家都是资本主义国家，资本主义国家仍在不断发展，实施高福利的社会政策，为何却说资本主义必然走向灭亡？

你相信共产主义会实现吗？共产主义的实现是十分遥远的事情，实现共产主义是与当代人无关的事情吗？

本组学生可探究并形成结论：1848年2月《共产党宣言》的发表，标志着科学社会主义的诞生，其主要分析资本主义生产方式的内在矛盾与人类社会的发展规律，科学论证"两个必然"，总结工人运动的经验和教训，第一次系统论述无产阶级政党的性质、特点等，阐明建立无产阶级政党的必要性，阐述未来共产主义社会的理想目标。

（2）第二小组：结合材料，探究马克思主义哲学的历史使命和基本特征。

《宣言》以论述资产阶级和无产阶级的前途命运为基础，进一步指出工人阶级在现实中实现解放的具体道路。认为工人阶级是世界历史发展的重要实践力量；指出社会实践的历史为阶级斗争史，阶级斗争是阶级社会发展的动力，革命的运动可以推动生产实践的发展；认为作为实践主体的资产阶级也具有一定积极性，在开创世界历史中曾经产生了巨大作用。

以国际金融危机为拐点，越来越多的人开始重读包括《宣言》在内的马克思主义经典著作。2012年7月12日，英国《卫报》报道称，自2008年世界金融危机爆发以来，《宣言》等马克思经典著作在英国的销售量大幅提高。

本组学生可总结得出结论：马克思主义哲学的历史使命就是实现无产阶级和全人类的解放。实践观点是马克思主义哲学的核心观点，马克思主义哲学实现了实践基础上的科学性和革命性的统一。与时俱进是马克思主义哲学独特的理论品质。

（3）第三小组：精读《宣言》第一章"资产者和无产者"，了解社会历史发展规律。选择部分段落在宣言馆实地诵读并拍摄、制作视频。精读时圈画关键词并梳理段落逻辑结构。概括出不同社会形态中生产力与生产关系、经济基础与上层建筑的状况及关系，并用思维导图等方式描绘概念间的逻辑关系。

本组学生可梳理得出结论：《宣言》揭示了贯穿人类社会始终的基本矛盾和普遍规律。阶级斗争是推动阶级社会发展的直接动力。改革是社会主义制度的自我完善和发展，是社会主义社会发展的直接动力。

（4）第四小组：精读《宣言》第二章"无产者和共产党人"，把握新时代中国共产党的历史使命。结合材料阐释中国共产党如何把《宣言》中蕴含的科学原理和科学精神运用到实践中并不断坚定初心使命。

本组学生可将理论结合实际进行论证，得出结论：中国共产党的初心使命与《宣言》的价值追求一脉相承，《宣言》是中国共产党初心使命的思想源头，共产党人始终牢记党的初心和使命。

（三）交流总结阶段

实践活动结束后，各小组整理、汇总资料并形成总结报告及PPT，在课堂上进行展示交流。学生就本次活动的成果结合中国共产党的初心使命以及自身的责任担当谈谈感想。

五、评价方法与标准

本次社会实践活动评价分为两部分。

1.过程性评价。

每一位小组成员在活动过程中记录、描述活动过程及活动过程中的表现，并在社会实践完成后开展自评、互评和组长评。

评价共分为A、B、C三个等级。其中，A为优秀，在团队中表现突出；B为良好，在团队中无突出表现；C为不合格，需努力。每个团队中，A级占比15%，B级占比70%，C级占比15%。

2.总结性评价。

在小组学生完成PPT及总结报告交流后，每一位成员根据本次社会实践活动的成果，结合中国共产党的初心使命以及自身责任担当谈谈感想，教师根据学生的表现相应地作出评价。

评价等级：

A：能有效整合各小组的交流内容；将活动内容升华至对中国共产党的自信与认同，并结合未来发展方向具体谈感想。

B：能整合各小组的交流内容；能简单地升华主题。

C：不能整合各小组的交流内容；未升华主题。

教师根据两次评价结果，给出综合评价结果。

六、小结

本次实践活动借助经典著作《宣言》和区域红色资源馆进行活动设计。通过开展经典著作的深度阅读、集体诵读、解读与分析等活动，学生能够加深对马克思主义理论思想深度、理论广度、站位高度、实践力度的认知认同。借助区域资源，方便学生搜集资料、开展活动，引导学生在真实情境中沉浸式感受《宣言》的精神和跨越时空的真理魅力，感受中国共产党的初心使命，多种资源结合的学习方式能更好地引发学生的深思和共鸣。本次社会实践活动具有较高的现实教育意义。尤其是借助红色文献资源和场馆资源还可能进一步引发学生思考，在信息爆炸时代如何从马克思主义经典著作中汲取真理力量，如何将理论结合实际阐释现实问题等。学生学会了文本解读、社会调查、结合实例论证理论的方法，提升了自主思考、合作探究的能力，更增强了对中国共产党、马克思主义的认同和自信。

案 例 2

国有企业改革对就业影响的社会实践活动方案
——以"东方美谷"为例

上海市奉贤区曙光中学　潘阳扬

一、学科知识链接

1.公有制的主体地位及其表现（统编版教材《思想政治》必修2《经济与社会》高一年级秋季第一单元《生产资料所有制与经济体制》第一课《我国的生产资料所有制》第一框"公有制为主体　多种所有制经济共同

发展")。

2.更好发挥政府作用（统编版教材《思想政治》必修2《经济与社会》高一年级秋季第一单元《生产资料所有制与经济体制》第二课《我国的社会主义市场经济体制》第二框"更好发挥政府作用"）。

3.新发展理念；建设现代化经济体系（统编版教材《思想政治》必修2《经济与社会》高一年级秋季第二单元《经济发展与社会进步》第三课《我国的经济发展》第一框"坚持新发展理念"、第二框"建设现代化经济体系"）。

二、活动目标

1.通过查阅资料，理解公有制的主体地位、国有经济的主导作用；明确国有企业是国有经济最主要的实现形式，是中国特色社会主义的重要物质基础和政治基础，是推进国家现代化、保障人民共同利益的重要力量。

2.通过研究性学习活动，提升收集和处理信息的能力、运用知识和独立思考的能力以及人际交往的能力。

3.通过小课题研究，磨炼知难而进的意志品质，强化团队合作意识，增强社会责任感，养成追求真理的科学精神，加深对于国企改革推动地区就业发展变化的认同感，进一步思考自己的职业生涯规划。

三、活动实施条件

本次社会实践活动结合了区域资源——"东方美谷"华丽转身的实际，让学生通过实践探究活动，了解国企改革对本地产业结构优化升级的作用，及其对人才就业的影响。借助区域资源有助于学生更便利地开展本次社会实践活动，也更有助于学生理解教材知识内容。

四、过程与要求

（一）活动准备阶段

1.活动对象：高一年级学生。

2.活动时间：2周。

3.活动准备。

（1）通过网上检索和教师下发的资料，初步收集东方美谷的相关资料。

（2）根据分组及活动场所的不同，在老师的帮助下与相关单位的负责同志进行联系，开展实地实践活动。

（3）教师准备各项评比的标准，确定优秀调查成果展示方案、优秀调查小组等的奖励方案。

4.探究专题：东方美谷国企改革对人才就业的影响。

（二）方案实施阶段

1.分组分工。

上海奉贤现代农业园区（以下简称"农业园区"）是上海市首批启动的四个市级农业园区之一，经过20多年的转型发展，实现了从农业园区向生物科技园区，再向东方美谷核心区的华丽转身。

学生分三组探究东方美谷的三次转型过程，以及三次转型过程对当地就业产生的影响。通过民主推荐产生每个小组的负责人，负责协调每个小组的活动。

2.调查访谈。

在规定时间内，各个小组根据实际需求进行实地调查。需要进行访谈的小组要提前与相关负责人进行预约，然后根据访谈提纲进行访谈，在此过程中需要全程记录访谈过程，在访谈结束后及时整理出文字稿以便小组总结时使用。

第一小组：本组学生可采用实地调研、查阅数字资料的方式，了解东方美谷的三次转型升级对于奉贤区就业产生的影响。本组可从劳动结构的角度，探索劳动力在三次转型中比重的变化，感受国企改革对当地的就业结构的影响。

第二小组：本组学生可采用查阅文献、视频或数字资料（东方美谷官网）、实地走访的方式进行有针对性的实践活动。本组可从国企转型对新型人才的需求增加以及合理安置闲置人力资源的角度进行探索。国企改革对当地经济发展产生了很大的影响，对技术型、创新型就业者需求增加，并且在转型升级中带动配套产业发展，提供了更多的就业机会。

第三小组：本组学生可采用查阅数字资料（东方美谷官网）、实地走访的方式进行有针对性的实践活动。本组可从国企的社会责任、国企转型中吸纳的一些特殊就业者等角度进行探究，如国企转型要坚持以人民为中心，使人民有更多的获得感、幸福感、安全感，朝着共同富裕方向稳步前进，为广大劳动者就业创造良好的环境与机遇。

（三）交流总结阶段

实践活动结束后，各小组进行资料的整理，汇总形成一份总结报告并制作PPT在课堂上展示、交流。学生就本次社会实践活动的调查结果，结合家乡发展以及自身的就业思考谈感想。

五、评价方法与标准

本次社会实践活动评价分为两部分。

1.过程性评价。

每一位小组成员在活动过程中及时进行记录，描述活动过程及个人在活动中的表现，并在社会实践完成后进行自评、互评和组长评。评价共分为A、B、C三个等级。其中，A为优秀，在团队中表现突出；B为良好，在团队中无突出表现；C为不合格，不积极完成任务。每个团队中，A级占比15%，B级占比70%，C级占比15%。

2.总结性评价。

在小组学生完成PPT或报告交流后，每一位成员就各组的调查内容进行点评，并根据本次社会实践活动的调查结果，结合家乡发展以及自身职业生涯规划谈谈感想，教师根据学生的表现给出评价。

教师整合两次评价结果，给出综合评价结果。

六、小结

借助本区域资源，首先有助于学生实践活动的开展，在活动地点和活动时间的安排上都能更方便学生进行实践活动。其次，相较于区域外的资源，学生对本区域资源的熟悉度更高，收集资料也更便利。最后，借助本区域资源能够激发学生在最后完成总结性作业的时候产生更深的思考和更强的共鸣，使这次社会实践更好地发挥作用。

高中学生在面临学业压力的同时也要对自己的未来职业规划进行思考，因此，本次社会实践活动放在高中进行有较高的现实教育意义。面对现今对创新型人才的需求，本次实践活动结合奉贤区产业结构变化带来的经济实力强、创新能力强等改变，让学生对自己家乡产生认同感和自豪感，激发学生对未来投身家乡建设的思考。

案例 3

在劳动与奉献中实现个人价值的社会实践活动方案
——以校农耕基地实践活动为例

上海市奉贤区曙光中学　诸丹萍

一、学科知识链接

1.实现人生价值的途径和方式（统编版教材《思想政治》必修4《哲学与文化》高二年级秋季第二单元《认识社会与价值选择》第六课《实现人生的价值》第三框"价值的创造和实现"）。

2.市场决定资源配置是市场经济的一般规律（统编版教材《思想政治》必修2《经济与社会》高一年级秋季第一单元《生产资料所有制与经济体制》第二课《我国的社会主义市场经济体制》第一框"使市场在资源配置中起决定性作用"）。

3.劳动是一切物质与精神财富的源泉，是价值的唯一源泉（统编版教材《思想政治》必修2《经济与社会》高一年级秋季第二单元《经济发展与社会进步》第四课《我国的个人收入分配与社会保障》第一框"我国的个人收入分配")。

二、活动目标

1.以小组为单位开展调查研究，分析影响市场经济发挥作用的条件，明晰市场三大机制在农业领域是如何合理配置资源的。在此基础上，小组成员通过参与生产劳动，理解劳动和奉献是实现人生价值的根本途径。

2.通过开展生产实践活动，有效运用各类社会资源，强化团队合作意识，在劳动和奉献中创造价值，在个人与社会的统一中实现价值，在砥砺自我中走向成功。

3.基于真实情境，分析、解决生活中的问题，充分发挥主观能动性，不畏困难，在全面提高个人素质的同时弘扬劳动精神，努力为社会作贡献。

三、活动实施条件

本次实践活动利用学校农耕基地资源，创新实施劳动教育活动的形式，学生基于市场调研，开展科学种植、销售，以现代化方式生产致富。活动立足真实生活和发展需要，将校园生活情境中发现的问题转化为探究主题，通过探究、服务、制作、体验等方式，培养学生综合素质的跨学科实践性，提高劳动教育的有效性。

四、过程与要求

（一）调研本地农产品的销售情况

1.活动对象：高一、高二年级学生。

2.活动时间：双休日及节假日。

3.活动方式：问卷调查、访谈调研。

4.活动步骤：

第一步：明确调研内容。学生自由组合，确定以6人为单位的小组。通过小组讨论，根据本地市场上出售的农产品情况确定小组要调查的农产品类型及范围。

第二步：制订调查计划。合理分工，确定调查时间、地点、方法、步骤、日程安排等。

第三步：做好调研准备。学生设计调查问卷、访谈任务单等，明确调查活动的目的和价值。教师对学生进行理论指导，评估调查内容的可行性、创新性。调查问卷和访谈任务单（访谈提纲）应重点关注以下内容：本地常见农产品中哪些农产品在市场上是稀缺产品？影响本地农产品销售的因素有哪些？相关农产品销售情况与供给和需求有何关联？如何创新销售方法，更好地提高相关农产品的销量？

第四步：开展调研实践。借助问卷星等工具分小组开展问卷调查和访谈调研。问卷调查中，问卷对象和样本要尽可能全面、典型，提高调查结果的信度和效度，做到数据真实、客观。访谈调研中的访谈对象要分类别且具有典型性，如面向村委会主任等村居负责人、面向村居农民、市场商户等。调研方向要准确，问卷内容、访谈提纲要充分指向市场机制在资源配置中的作用。

第五步：整理调研资料。分析整理问卷调查数据，形成描述性语言，利用问卷星将数据导出形成统计图、柱状图等，提高调查结论的可读性。整理访谈资料，将访谈结论等叙述性资料进行概括提炼。

第六步：撰写调研报告。对调研资料和数据进行关联度分析，概括、提炼本质性结论：本地热销农产品有哪些；以数据为依据总结影响农产品销售的因素；结合调研为不同的市场主体提出可行性建议，有效提高本地菜农优质农产品的销量。规范调查报告的体例格式：调研背景、调研目的、文献综述、调查方法、调查结果及分析、调查结论和建议、参考文献等。

第七步：进行汇报展示。结合调查报告制作汇报PPT，小组代表进行汇报展示、答辩。

（二）模拟农场主产销一体实践活动

1.活动对象：高一、高二年级学生。

2.活动时间：周一至周五。

3.活动方式：农产品种植、农产品销售。

4.活动步骤：

第一步：以班级为单位，每班推选1名负责人，根据市场调研结论，确定种植品种，制订种植计划。种植前了解该种类蔬菜的种植技术，可能遇到的种植问题，搜集资料，设计解决方案。

第二步：开展种植实践活动。在指导老师的带领下开展当季热销农产品的种植、养护、采摘等活动。

第三步：开展农产品推介实践活动。根据本班种植蔬菜的成熟期，设计农产品推介会活动任务单，开展农产品推介会。任务单中的内容应包括：农产品名称、当下市场供求情况、采取的销售模式、产品的竞争优势、运用市场机制提高产品销量的方法等。制作PPT、宣传视频，利用周五放学时间，面向家长开展自产农产品推介销售活动；邀请教师、家长代表参与自产农产品推介（售卖）活动。

第四步：总结与反思。结合推广销售实践，概括市场运行的基本过程；根据实践体验，分析市场特点，给出菜农提高农产品市场竞争力的合理建议；撰写劳动体验和收获，综合以上形成推广微报告。

五、评价方法与标准

本次实践活动评价采用过程评价和成果评价相结合的模式。

每一位成员在活动过程中及活动结束后进行评价表记录，并在社会实践完成后进行自评、互评和师评。评价共分为A、B、C三个等级。其中，A为优秀，在团队中表现突出；B为良好，在团队中无突出表现；C为不合格，不积极完成任务。每个团队中，A级占比15%，B级占比70%，C级占比15%。

调查研究评价表

评价指标	评价标准	评价等级		
		自评	互评	师评
团队协作	小组成员分工明确,有效沟通与合作,能够及时完成各项任务			
调研设计	调查目标明确;调查问卷、访谈提纲具有可行性和科学性			
调研报告	调研报告撰写体例清晰、数据充分、分析翔实、逻辑严密、结论科学			
汇报展示	汇报内容能将调研情况、结论进行准确、流畅地表达			
媒体应用	结合团队文本资料,形成汇报PPT或宣传视频资料			

模拟农场主产销一体评价表

评价指标	评价标准	评价等级		
		自评	互评	师评
活动能力	在生产实践中,形成一定的农产品成果,产量丰富。在销售环节中,结合所选农产品销售情况,分析市场资源配置的具体运行机制			
创新反思	在总结反思中,给出清晰和直观的操作建议,对菜农有一定的实践指导意义			

综合性成果评价表

评价指标	评价标准	评价等级		
		自评	互评	师评
团队协作	能根据小组成员特点分配任务,充分体现合作探究精神			
总结提炼	对整个实践活动进行总结提炼,文本严谨,内容翔实			

评价指标	评价标准	评价等级		
		自评	互评	师评
价值态度	在实践活动的各个环节中,每位组员都能积极参与。在总结与反思中,能形成积极向上的劳动体会和收获,能结合学科知识进行有效论证,形成正确的劳动价值观			

六、小结

2020年3月20日,中共中央、国务院发布了《关于全面加强新时代大中小学劳动教育的意见》,提出劳动教育是中国特色社会主义教育制度的重要内容。这是党中央、国务院从战略高度认识劳动教育重要性的集中体现。本次社会实践活动借助校本资源——学校农耕实践基地进行活动设计,打破了学生在开展学科实践活动过程中空间和时间的限制。学生可以利用班级值周、课余时间开展相关实践。

从活动内容看,本次社会实践活动从生产劳动出发,最后上升到服务性劳动。学生通过亲身体验,了解人民群众是社会物质财富和精神财富的创造者,感受平凡的劳动者也能用辛勤的劳动为创造美好生活作出贡献;通过模拟农场主开展产销一体活动,分析市场资源配置的机制,为当地菜农创新农产品销售提供科学有效的经验,感受在劳动和奉献中实现个人价值的喜悦感。参与整个过程,既能评估学生的劳动价值观,又能激发学生产生日后在平凡岗位上建功立业的思考。

从评价方式看,本次实践活动侧重过程评价和成果评价。活动要求学生在与其他学生共同完成任务的过程中,开展调查研究,进行农产品种植、经营销售,这种基于真实情况开展设计、实施种植计划,撰写实践报告的活动,能够提高学生的参与感、获得感。结合不同的评价表,能够对学生的参与情况、情感态度等有一个综合全面的评价。

案例 4

探究民营企业腾飞路径的社会实践活动方案
——以上海伟星发展为例

上海市奉贤区致远高级中学　徐小花

一、学科知识链接

1.多种所有制经济共同发展；有效市场、有为政府（统编版教材《思想政治》必修2《经济与社会》高一年级秋季第一单元《生产资料所有制与经济体制》第一课《我国的生产资料所有制》、第二课《我国的社会主义市场经济体制》）。

2.贯彻新发展理念、推动经济高质量发展（统编版教材《思想政治》必修2《经济与社会》高一年级秋季第二单元《经济发展与社会进步》第三课《我国的经济发展》）。

二、活动目标

1.通过对本地民营企业——上海伟星分公司的调查，正确理解民营企业的具体作用，明确非公有制经济是社会主义市场经济的重要组成部分；通过对该企业的改革发展史和企业发展现状调研，思考民营企业的改革发展路径，理解科学把握市场经济规律、正确制定企业经营战略的重要性；基于事实，了解国家如何坚持和落实"两个毫不动摇"，鼓励、支持、引导民营企业发展；理解新时代"新发展理念"的正确性和落实的具体路径。

2.通过研究性学习活动，增强收集和处理信息的能力，运用知识、独立思考的能力以及人际交往的能力。

3.通过小课题研究，磨炼知难而进的意志品质，强化团队合作意识，增强社会责任感，养成认识规律、利用规律的科学精神，加深对经济政策的认同感并进一步思考自己的职业生涯规划。

三、活动实施条件

理论知识储备：经过必修2《经济与社会》的学习，高中生对市场经济规律、民营企业的地位及作用，新发展理念和推动经济高质量发展有一定的理论认知。

实地调研条件：浙江伟星集团作为以一粒小小纽扣起家的民营企业，其自身有着传奇的发展史。上海伟星分公司与我校开展过多次校企合作活动，为实地考察、跟岗调研提供便利。

四、过程与要求

（一）活动准备阶段

1.活动对象：高一年级学生。

2.活动时间：2周。

3.活动准备。

（1）根据分组及活动场所的不同，学生在老师的帮助下与上海伟星分公司相关负责同志联系，进行实地参观、访谈活动。

（2）学生通过网上检索和教师下发的资料，初步收集上海伟星公司相关资料。

（3）教师准备各项评比的标准，确定优秀调查成果展示方案、优秀调查小组等的奖励方案。

（二）方案实施阶段

1.分组分工。

围绕"探上海伟星辐射功效，究民营经济重要之地位""研上海伟星发展之路，究民企高质量发展之径""观上海伟星发展环境，析政府促民企发展之策"三个实践探究主题，进行小组分工。分组过程中确保每一位同学都能参与活动并发挥自己的作用，使学生有切实的参与感。通过民主推荐产生每个小组的负责人，负责协调各小组的活动。

2.调查访谈。

在规定时间内，各小组根据本小组实际需求进行实地调查并进行记录，在此过程中可通过拍照留档等方式收集资料。需要进行访谈的小组要提前与相关负责人进行联系，然后根据访谈提纲进行访谈，在此过程中需要使用电子设备全程记录访谈过程并在访谈结束后尽快整理出文字稿以便小组进行总结时使用。

（1）民营企业对我国GDP贡献率超过60%，提供了80%以上的城镇就业岗位，吸纳了70%以上技术创新成果，新增了90%的就业，来自民营企业的税收占比超过50%。民营企业在吸纳就业、创造税收、促进经济发展等方面发挥了重要作用。在我国经济进入新常态的背景下，民营企业积极承担社会责任，成为近年来经济发展领域的亮点。

第一小组的调查提纲：伟星公司提供的就业岗位及解决残疾人就业状况；通过具体数据说明近几年伟星公司企业产值及纳税额度；通过具体事例说明公司承担的社会责任有哪些；具体介绍公司开发的产品及用途。

（2）民营企业要正确把握市场经济规律，贯彻新发展理念，不断优化业务结构，深化业务的转型升级，积极整合、优化战略资源，把握发展新机遇。创新发展，大力倡导践行科技创新，以科技创新去攻克技术难关，提高产品创新能力，通过产品的创新、领先、差异化战略，赢得市场竞争的优势。同时，加速推进国际化战略进程，为促进企业高质量发展打造新动能、新空间。

第二小组的调查提纲：什么是伟星企业的"三化"建设？"三化"建设对企业发展有何作用？该企业在技术创新、文化创新、管理创新上的具体表现有哪些？企业近几年的发展战略是什么？制定的依据是什么？

（3）2019年12月4日，中共中央、国务院发布了《关于营造更好发展环境支持民营企业改革发展的意见》，提出进一步放开民营企业市场准入，实施公平统一的市场监管制度，强化公平竞争审查制度刚性约束，破除招投标隐性壁垒，不断优化公平竞争的市场环境；进一步减轻企业税费负担，健全银行业金融机构服务民营企业体系，完善民营企业直接融资支持制度等，不断完善精准有效的政策环境；健全执法司法对民营企业的平等保护机制，保护民营企业和企业家合法财产，不断健全平等保护的法治环境。这些持续的、务实的举措，必将为民营经济营造更好发展环境，让民营企业的舞台更宽广。

第三小组的调查提纲：可从产业扶持、知识产权保护、金融支持、健全执法司法等角度通过采访、查询等方式搜集相关资料。

（三）交流总结阶段

实践活动结束后，各小组进行资料的整理、汇总，形成一份总结报告并制作PPT，在课堂上进行小组展示、交流。

五、评价方法与标准

本次社会实践活动评价分为两部分。

1.过程性评价。

每一位小组成员在活动过程中记录活动内容，描述活动过程及个人在活动中的表现，并在社会实践完成后进行自评、互评和组长评。

评价共分为A、B、C三个等级。其中，A为优秀，在团队中表现突出；B为良好，在团队中无突出表现；C为不合格，不积极完成任务。每个团队中，A级占比15%，B级占比70%，C级占比15%。

2.总结性评价。

在小组学生完成PPT或报告交流后，每一位成员结合所学经济学理论作科学分析总结，并结合家乡民营企业发展以及自身职业生涯规划谈谈感想，教师根据表现给出评价。

评价等级：

A：能有效整合三个小组的交流内容；能结合教材知识点对整体调查内容进行有效点评；能就调查内容结合所学经济学理论作科学分析，结合自己的理解谈谈个人职业生涯规划，并提出促进家乡民营经济发展的建议。

B：能整合三个小组的交流内容；能结合教材知识点进行点评；能简

单地进行主题升华。

C：不能整合至少两个小组的交流内容；未结合教材知识点进行点评；未进行主题升华。

教师根据两次评价结果，给出综合评价结果。

六、小结

本次实践活动借助了本区域内有代表性的民营企业，组织学生开展分工与合作，探究民营企业腾飞的路径。通过实践活动调查，学生了解了民营企业的具体作用，明确非公有制经济是社会主义市场经济的重要组成部分；通过对该企业的改革发展史和企业发展现状调研，学生能够理解市场主体如何遵循市场经济规律，思考民营企业的改革发展路径和国家如何坚持和落实"两个毫不动摇"，鼓励、支持、引导民营企业发展。同时，在整个活动过程中，学生加强了小组合作的能力，学会用科学的方法进行社会调查和资料整合，提升了科学精神素养。

第八章　指向法治意识素养培育的实践教学案例设计

　　《普通高中思想政治课程标准（2017年版2020年修订）》中指出，我国公民的法治意识，就是尊法学法守法用法，自觉参加社会主义法治国家建设。法治意识是公民对法治的认知、崇尚与遵循的思想观念和价值取向。法治意识表现为人们对法治的情感认同。从课程目标的维度看，具有法治素养的学生应能够：理解法治是人类文明演进中逐步形成的先进的国家治理方式，全面依法治国是国家治理的一场深刻革命，明确建设社会主义法治国家的基本要求；树立宪法法律至上、法律面前人人平等的法治理念；懂得权利与义务的关系，养成依法办事、依法行使权利、依法履行义务的习惯；拥有法治使人共享尊严，让社会更加和谐、生活更加美好的认知和情感。

　　法治意识素养的培育不仅要在思想政治课堂中，以情境教学、案例教学为基础，贴近学生生活，激发学生的兴奋点，调动学生的思维点，让学生充分地积极地参与到课堂中来；更要立足学科社会实践，广泛开展多样化、系列化的社会实践活动，如参观学习、社会调查、实地考察、制作小报、网络信息收集、社区宣讲（宣传）等。法治意识素养的培育需要从学生成长发展的需要出发，将学科中的法治内容与社会实践活动紧密结合、灵活运用；在生活中引导学生感知、体会法治给人们生活带来的尊严和美好，形成法治情感，最终影响学生的行为选择，并形成法治信仰。社会实践活动能够培养学生自觉承担社会责任的意识，提高学生解决社会问题的能力，有助于青年学生做社会主义法治的忠实崇尚者、自觉遵守者、坚定捍卫者。

培养学生的法治意识素养，走访、调研和模拟庭审等是有效的学科社会实践活动形式。对这类活动进行评价应注重评价的过程性、主体性、协商研讨性和多元化；重视评价目标的适切性，任务的情景化、生活化；评价方式应注重多样化与开放性，将过程性评价与总结性评价有机结合；注重定量评价与定性评价相结合；可以通过大量的写实性记录，充分反映学生的学习活动与实践经验所形成的真实性数据与证据。评价应以学生的自我记录、自我小结为主，综合同学、教师、家长、社区工作人员等的评价。学生不仅需要进行自我评价，还要运用评价结果开展自我反思，将所学所感所悟内化为真实的素养。在学生进行社会实践活动时，教师需要结合社会实践活动效果，系统、科学、全面评价学生在参加社会实践活动时的具体表现，包括其展现出的情感态度、实践能力和行为选择等，帮助学生提高法治意识和公共参与的学科核心素养，落实立德树人的根本任务。

案 例 1

走进基层立法联系点，感悟全过程人民民主的
社会实践活动方案

上海市奉贤区奉城高级中学　施春红

一、学科知识链接

1.人民民主专政的社会主义国家；我国的根本政治制度（统编版教材《思想政治》必修3《政治与法治》高一年级春季第二单元《人民当家作主》第四课《人民民主专政的社会主义国家》、第五课《我国的根本政治制度》）。

2.科学立法（统编版教材《思想政治》必修3《政治与法治》高一年级春季第三单元《全面依法治国》第九课《全面推进依法治国的基本要求》第一框"科学立法"）。

二、活动目标

1.在教师的指导下，阅读教材和搜集资料，知道我国有立法权的国家机关、立法过程的参与者和立法的科学程序，并且知道这一系列保障人民当家作主的形式都有制度保障。

2.通过网络信息收集、实地调研、制作小报、社区宣讲（宣传）、提出我的"立法金点子"等活动，强化团队合作意识，提高法治意识，增强公共参与的责任感。

三、活动实施条件

上海市虹桥街道办事处基层立法联系点是全国人大常委会法工委于2015年在全国设立的首批基层立法联系点之一。2019年11月2日，习近平总书记在这里考察时，首次提出"人民民主是一种全过程的民主"的重要论述。截至2025年，上海市总计设立了36个基层立法联系点，实现了上海市16个区的全覆盖。选择基层立法联系点作为实践地不仅在于广泛收集民意，还在于其双向"转化"功能——学生既把法律专业知识转换成自己的语言，传播"法言法语"、法治思想，又把听到的百姓心声转化成"法言法语"。

本次社会实践活动结合了区域资源——奉贤区青村镇，该镇既是上海市政府36个基层立法联系点之一，也是奉贤区的基层立法联系点，选择该地进行实践活动能够充分发挥其地处远郊扎根农村的优势，将倾听民意与普法立法有机结合，促进乡村振兴，提升学生的法治意识素养，增强学生公共参与的责任感，帮助学生掌握公共参与的方式方法。

四、过程与要求

（一）活动准备阶段

1.活动对象：高一年级学生。

2.活动时间：3周。

3.活动准备。

（1）根据分组及活动场所的不同，学生在老师和家长的帮助下与相关单位负责同志联系，进行实地调研、社区宣讲。

（2）学生通过阅读教材，梳理我国有立法权的国家机关。

（3）教师准备各项评比的标准，确定优秀调查小组、优秀调查成果展示方案的奖励方案。

4.探究主题。

（1）搜集资料，总结成就。整理自2015年全国人大常委会法工委在全国设立基层立法联系点工作开展后，各地所取得的成就；了解奉贤区青村镇基层立法联系点的工作机制及自成立以来在畅通民意、开门立法中所取得的成就。

（2）实地参观，参与宣传。通过青村镇基层立法联系点所打造的为基层群众参观、展示立法草案及其征集情况的可视化平台，参与社区法律知识的宣传。

（3）实地走访，调查民意。跟着青村镇基层立法联系点的联络员走到田间地头，广泛收集人民群众的合理意见，深入了解民意。

（二）方案实施阶段

1.分组分工。

学生依据自身特长自行组队，并根据教师、家长提供的资源选择适合的专题，以获得足够的活动支持。

（1）第一小组：资料收集组。在教师的指导下进行资料搜集、筛选、汇总，并制作向全班展示的PPT，力求为后续两组同学的实践探究做好充足的理论基础。

（2）第二小组：社区"法言法语"宣传组。可充分利用本地区人民法院、法庭工作人员的资源，借助他们的专业辅助，制作给社区群众普法宣传的PPT，也可以为社区出一份普法宣传的板报。

（3）第三小组：社情民意调查组。在规定时间内，进行实地走访活动。如跟随信息采集员一起去田间地头、宅前屋后听听群众的看法和意见，聆听一次普法宣传，根据本小组实际需求进行实地调查并进行记录，在此过程中可通过拍照留档等方式收集资料。需要进行访谈的小组要提前与相关负责人进行预约，然后根据预设访谈提纲进行访谈，在此过程中需要电子设备全程记录访谈过程，并在访谈结束后尽快整理出文字稿以便小组进行总结时使用。

2.提出我的"立法金点子"。

各小组在展示完成后，以小组为单位，提出一份我的"立法金点子"，并阐述其现实依据和实际意义。

（三）交流总结阶段

实践活动的交流总结分为两个阶段：第一阶段为第1—2周，每一小组完成各自的任务后进行资料的整理、汇总，形成一份总结报告并制作PPT于第2周在课堂上进行展示、交流；第二阶段为第3周，以小组为单位，就本次社会实践活动的成果结合自己的思考，提出一份我的"立法金点子"，阐述其现实依据和实际意义，并在课堂上交流、讨论。

五、评价方法与标准

本次社会实践活动评价分为两部分。

1.过程性评价。

每一位小组成员在活动过程中记录活动内容，描述活动过程及个人表现，并在社会实践完成后进行自评、互评和组长评。

评价共分为A、B、C三个等级。其中，A为优秀，在团队中表现突出；B为良好，在团队中无突出表现；C为不合格，需努力。每个团队中，A级占比15%，B级占比70%，C级占比15%。

对于在社区"宣法"活动、"故事会"宣讲等活动中担任主讲人的学生设立单独奖项，表扬典型，鼓励全体。

2.总结性评价。

在小组学生完成PPT、报告及"立法金点子"的交流后，每位同学根据本次社会实践活动的成果，谈谈自己的感想，并在立法方面提出自己的建议。教师根据学生的表现给出评价。

评价等级：

A：能结合教材知识和实际提出具有建设性、可行性的立法建议。

B：能结合教材知识提出立法建议，但没有可行性。

C：未能提出立法建议。

教师根据两次评价结果，给出综合评价结果。

六、小结

本次实践活动借助了本区域资源——青村镇基层立法联系点进行活动设计。活动从了解奉贤区青村镇基层立法联系点的工作机制入手，以三个专题形式展开：一是了解青村镇基层立法联系点在畅通民意、开门立法中所取得的成就；二是通过参与法律知识宣传，向社区居民普法；三是了解并参与青村镇基层立法联系点因地制宜开展的特色普法活动。基于此，开展形式多样的实践活动，如参观学习、社会调查、实地考察、课外小组、制作小报、网络信息收集、社区宣讲（宣传）等，从学生成长发展需要出发，将学科内容与社会实践活动结合，让学生在法治情感的基础上作出合乎法律规范的行为选择，在实际生活中感知、体会法治给人们的生活带来的尊严和美好，推动法治情感的形成，最终影响个人的行为选择。

借助本区域资源开展学生实践活动，不论是活动地点还是活动时间的确定都更加便利。同时，学生能够获得更多的家长资源支持，收集资料也更方便。另外，利用本区域资源，学生在完成总结性作业时能够获得更深刻的思想启迪和情感共鸣。这种实践方式不仅提升了活动的教育价值，更有助于培养学生的法治意识和法治素养，同时激发他们参与公共事务的热情，进而促进其对家乡发展建设的深入思考和责任担当。

案例 2

守住法治底线，激活地摊经济的社会实践活动方案

上海市奉贤中学　干柳玥

一、学科知识链接

《法治中国建设》是统编版教材《思想政治》必修3《政治与法治》第八课的内容，本课讲述了法治国家、法治政府、法治社会的内涵和特点，分析了法治国家、法治政府、法治社会的具体要求和建设法治国家、法治政府、法治社会的重大意义，有利于学生明确法治中国建设是一个系统工程，要坚持法治国家、法治政府、法治社会一体建设。

二、活动目标

1.通过自主搜集资料、分析资料，了解地摊经济的前世今生，提升用历史和发展的眼光看待问题的能力。

2.在学习完基本理论知识、了解地摊经济运作的基础上，更加深刻地明白法治中国建设是一项复杂的系统工程，既需要党和国家的统筹与规划，需要各级政府的依法行政和科学决策，更需要公民和全社会的参与推动，增强政治认同和法治意识。

3.通过文献资料和采访资料，能从法治角度分析地摊经济存在的问题，培养法治意识，自觉做到尊法学法守法用法。

4.通过实地访问、调查问卷、资料搜集等形式，经过思考和分析，能够创造性地提出一些合理化建议，激发个人潜能，提高解决问题的能力。

三、活动实施条件

本次社会实践活动紧扣时代发展中的需要——"地摊经济"的回归，让学生在社会大课堂中了解地摊经济的运行，了解国家、政府、社会对此的具体做法和存在的不足，并进一步提出相关对策。

借助区域资源开展实地调研与访谈活动，不仅为学生社会实践活动提供了便利条件，更能帮助他们在实践中深化对教材知识的理解，感悟法治中国建设的现实意义和实施途径，同时促进学生德智体美劳综合素质的全面提升。

四、过程与要求

（一）活动准备阶段

1.学生准备。

（1）前期资料收集，各小组通过问卷、访谈等形式了解地摊经济的运作模式，国家层面出台的相关政策。

（2）根据探究主题分三个小组，分别从法治国家、法治政府、法治社会三个角度展开调查。

2.教师准备。

（1）联系区域内管理地摊经济发展的部门，确定带领学生走访并实地参与奉贤区正在举办的几场夜市活动。

（2）了解主办单位和相关参与者情况，引导学生进行调研活动。

（二）方案实施阶段

1.明确分组。

学生分成三个小组，结合法治国家、法治政府、法治社会的内涵和具体要求，分别重点研究法治国家、法治政府、法治社会在地摊经济再次兴起中所发挥的作用，分析目前地摊经济中存在的问题，并提出相应的对策。

2.收集资料。

在各小组进行实践活动之前，以小组为单位通过文献检索的方式，充分了解什么是地摊经济，了解改革开放后地摊经济出现又消失的原因，分析当下地摊经济再一次复苏的原因，查阅一些主流报刊的报道和评价。邀请奉贤区市场监督管理局的相关负责人具体介绍地摊经济的运作模式、国家层面相关的政策，政府层面不同部门所承担的相应职能，以及在执法过程中发现的问题。

3.实施调查。

（1）问卷调查：三个小组在前期资料搜集的基础上分别从国家、政府、社会的角度制作问卷并发放。

（2）实地调查：以小组为单位，走访正在举行活动的夜市，通过采访摊主、消费者和执法部门等，从法治角度进一步了解地摊经济存在的问题，感受地摊经济的健康发展离不开国家政府和我们每一个人的努力。

（三）交流总结阶段

1.所有学生在进行实地走访后完成观察记录表。

观察记录表

地摊经济的经营主体主要是哪类人群？	
地摊经济的主要经营品类有哪些？	
地摊经济有什么特点和优势？	
地摊经济存在什么问题？	
地摊经济有序发展还需要哪些主体作出怎样的努力？	

2.将课本理论，调研的数据、图文资料等进行分析、归纳，三个小组分别从三个角度分析问题，提出解决措施，并在课堂上进行交流展示、分享观点。

3.学生以小组为单位，提出进一步推动地摊经济健康发展的建议。

五、评价方法与标准

1.由教师运用行为观察法，根据学生的观察记录表和学生在实践过程中的真实表现对每位学生进行打分。

教师评价表

维度	5分	4分	3分	2分	1分
能认真参与采访工作,并通过采访相关人员获得了有效信息					
在夜市走访中能承担相应工作,对小组有一定贡献					
能在小组讨论中准确表达自己的意见					
所收集的信息(包括书本知识)可作为证据支撑观点					

2.学生对自己在实践过程中的行为进行评价。

学生自评表

维度	5分	4分	3分	2分	1分
我能运用多种检索方式查找资料和信息					
我能筛选出可靠的信息					
我觉得我所收集的信息(包括书本知识)是可以作为证据支撑我的观点的					
我对收集的信息进行了整理和呈现					
我在采访之前准备了提纲和访谈问题					
我通过采访相关人员获得了有效信息					
我整理了访谈中收集的信息					
我深刻剖析了问题产生的原因					
我为解决问题提出了建设性的建议					
我对自己的总体表现打分是					
注:5分表示在这个问题上完成出色,1分表示在这个问题上还有待努力。					

六、小结

为有效提升学生的法治素养和实践能力，本次社会实践活动设计重点突出以下四个关键维度。

从教材内容出发。《法治中国建设》是必修3《政治与法治》第八课的内容，围绕怎样建设法治中国的问题展开，从宏观上说明建设法治中国的措施，提出"三位一体"的奋斗目标，涉及法治国家、法治政府、法治社会三个方面。教材内容理论性强、概念抽象，学生学习起来有一定困难，需要通过采访、实地探究、调查问卷等实践活动，帮助学生深刻理解法治中国建设与国家的规划、政府的执法和全社会的参与之间的关系。

从学生个性特点出发。现在高中学生接受各种信息的渠道较多，独立思考的能力较强，他们敢于想象，勇于探索，但由于缺乏基本的理论思维能力，社会阅历少，想法容易不切实际，天马行空，往往不能全面把握事物的本质和规律。基于这一心理特点，通过开展实践活动，引导学生深入观察社会现象，帮助他们去发现社会中存在的问题、辩证思考问题，并在此基础上提出解决问题的可行措施。

从当前热点出发。在后疫情时代，地摊经济带来的烟火气不仅唤起了国人对城市生活的最初记忆，也能拉动经济发展，进一步拓宽就业渠道。然而，地摊经济流动性大，管理模式复杂，商品质量难以保证的弊端逐渐显现。针对这一情况，通过实地采访、调查研究等活动，让学生了解地摊经济的运作模式，分析地摊经济在实际运行过程中存在的问题，提出一些切实可行的建议，能使学生充分认识到只有守住"法治"底线，才能促进地摊经济规范有序发展，切实维护消费者的合法权益，才能"激活"地摊经济，为社会发展多作贡献。

从核心素养出发。能否有效开展核心素养评价，直接关系到基于核心素养的教育改革成效。因此，在活动中对每位学生进行针对性评价，形成教师评价、自我评价等多方面评价体系，采用行为观察法进行过程性评价，使学生在项目化学习全过程中的表现都能得到客观的反馈，通过系列评价激发学生参与热情，最终实现学科核心知识的巩固与内化。

案 例 3

感受司法公正的社会实践活动方案
——以"抚养费纠纷"模拟法庭为例

上海市奉贤区曙光中学　沈婷

一、学科知识链接

1. 全面依法治国（统编版教材《思想政治》必修3《政治与法治》高一年级春季第三单元《全面依法治国》）。

2. 家庭与婚姻（统编版教材《思想政治》选择性必修2《法律与生活》高二年级春季第二单元《家庭与婚姻》）。

3. 诉讼实现公平正义（统编版教材《思想政治》选择性必修2《法律与生活》高二年级春季第四单元《社会争议解决》）。

二、活动目标

1. 学生基于前期理论学习，明确民法在我们生活中不可或缺，与我们每个人的生活密切相关。通过设计相关实践活动，帮助学生理解人身权的法律规定及其适用，明确人身权利在生活中的重要意义，探索社会纠纷的解决机制。

2. 通过模拟民事诉讼实践，学生认识到在自身合法权利受到侵犯时，可以选择运用法律手段解决社会纠纷。切身感受司法案件中的公平正义，强化法律平等意识，做社会主义法治的忠实崇尚者、自觉遵守者、坚定捍卫者。

三、活动实施条件

本次社会实践活动依托基层法院，聚焦公民依法维护合法权益的法律行为，介绍公民一般的民事权利和义务，提供日常生活中的法律常识，帮助学生了解社会纠纷的解决机制和法律程序，增强学生的法治意识。

四、过程与要求

（一）活动准备阶段

1.活动对象：高二年级学生。

2.活动时间：2周。

3.活动准备。

学生根据分组及活动场所的不同，可在老师的帮助下与相关单位负责人联系，进行实地参观及访谈活动。

4.活动方案。

（1）学生通过网上检索和教师下发的资料，初步收集关于抚养费的相关资料并创作剧本。

（2）学生通过采访法律工作者，了解社会纠纷的解决方式，走进法庭，旁听一场公开庭审活动，了解诉讼的基本流程。

（3）学生以原有经验和积累的知识为基础，开展模拟庭审活动。

（二）方案实施阶段

学生基于案例背景《王A与王B抚养费纠纷一审民事判决书》，创作剧本，组织角色进行模拟庭审。以下为学生的模拟实践：

《王A与王B抚养费纠纷一审民事判决书》

原告王A向法院提出诉讼请求：

1.要求被告向原告支付2021年1月至2023年1月共计25个月的抚养费。

2.要求自2023年2月起被告每月支付原告抚养费5000元。

事实和理由：原告系被告与C某所生之子，被告与原告之母于2020年底协议离婚，原告由母亲抚养，被告每月给付抚养费2000元，但被告只按照约定给付了1个月的抚养费，此后未再给付。现原告面临上学及治病，生活支出显著增加，此前约定的抚养费标准过低，为维护原告的合法权益，现原告诉至法庭，望判如所请。

被告王B：当初约定每月给付原告2000元抚养费是根据当时的标准确定的，有点超出我的实际能力。后来C某未经商量，故意阻挠我看孩子，看不到孩子我也不想支付抚养费了。

原告法定代理人C某：我不是故意阻挠被告看孩子，我只是因为工作原因搬离上海，我已经告知过被告，他没有反对，我有当时的聊天记录。

C某的诉讼代理人D提交证据1：C某与王B的聊天记录。

被告王B：好像是有这个事情，具体的我也忘记了。

被告王B的诉讼代理人E：因为疫情的原因，被告现在处于失业中，家中还有父母和祖父母四位老人要赡养，经济确有困难。原告还要求增加抚养费，故不同意原告的诉讼请求。

C某的诉讼代理人D：情况不实。经查，被告现在滴滴公司做运营司机，每月收入大约在1万元。

C某的诉讼代理人D提交证据2：被告的网约车运营记录。

被告王B：开网约车营收并不稳定，现在竞争压力也很大，再加上买车和加油的费用，其实净收入并不多，我买车的钱也是贷款的，每月还有车贷要还，只能勉强度日，5000元的抚养费对我来说压力太大。

被告王B的诉讼代理人E：确实如此，被告也是疫情之后刚刚加入滴滴公司，现在还处于前期投入阶段。去除运营成本，收入并不稳定，不能支付原告要求的高额抚养费。

被告王B的诉讼代理人E提交证据3：被告购买车辆的付款凭证、银行出具的贷款合同，以及每月加油的油费凭证。

C某的诉讼代理人D：以上证据没有异议。但是，被告名下还有房产3套，均为婚前财产，且全款购入没有贷款，因此被告有相应的经济能力，请求法院判决其支付抚养费。

C某的诉讼代理人D提交证据4：房管局关于王某名下3套住房的证明。

被告王B：我名下是有三套房产没错，但是一套我父母在住，一套我祖父母在住，另一套我个人在住，没有出租，因此除了我开滴滴，没有其他收入来源。法院可到实地查看。

C某的诉讼代理人D：即便如此，被告作为王A的亲生父亲，也应该承担抚养费，且2022年9月王A年满6周岁，已经到了要上小学的年纪，且王A患有哮喘病，每月要看病又有另外的支出，C某一人工作无力承担，因此希望法庭公正判决。

C某的诉讼代理人D提交证据5：王A在医院治疗的发票。

被告王B：王A的哮喘病并不严重，注意一点就可以了，我真的没钱，只能按原约定支付2000元。

法官：双方还有没有其他要补充的？

原告：没有，希望法庭公正判决。

被告：没有，希望法庭公正判决。

法官：情况已经基本明确了，现在休庭评议。（休庭）

（当庭判决）

法官：根据《中华人民共和国民法典》规定，父母对子女有抚养教育的义务，父母不履行抚养义务时，未成年的子女有要求父母给付抚养费的权利。子女抚养费的数额，可根据子女的实际需要、父母负担能力和当地的实际水平确定。无固定收入的，抚养费的数额可依据当年总收入或同行业平均收入，参照上述比例确定。有特殊情况的，可适当提高或降低上述比例。抚养费的给付期限，一般至子女年满十八周岁为止。

本案中，被告王B与C某离婚时约定每月给付原告抚养费2000元，但被告在给付一个月之后未再给付，其行为显系不妥，现原告要求被告给付拖欠的抚养费，理由正当，本院予以支持。

诉讼中，原告主张从2023年2月起每月给付5000元，依据不足，被告应按照2000元的标准给付至本案立案之月，即2023年1月。本院结合现有证据，认为原告的诉讼请求于法不悖，应予支持。具体数额本院综合考虑王A的实际需要、C某和王B的负担能力、本市的实际生活水平等因素予以确定。

综上，依照《中华人民共和国民法典》第一千零五十八条、第一千零八十五条之规定，判决如下：

一、被告王B于本判决生效后十日内给付拖欠原告王A的抚养费50000元。

二、自二〇二三年二月起，被告王B每月给付原告王A抚养费人民币3000元，至王A年满十八周岁时止。

如不服本判决，可以在判决书送达之日起十五日内，向本院提交上诉状，并按对方当事人的人数提出副本，上诉于上海市第二中级人民法院。

（三）交流总结阶段

原告方的感悟：通过剧本的撰写和模拟庭审，我们体会到了诉讼过程中要尊重和保障公民的各项权利，审判机关要坚持"以事实为依据，以法律为准绳"的基本原则，在现实生活中遇到权利被侵害时，要选择合理合法的方式进行维权。

被告方的感悟：通过模拟法庭我们感受到司法审判要有理有据，在日常生活中要树立证据意识，注意保留包括聊天记录等电子数据在内的各种证据，以维护自己的合法权益。同时我们也感受到司法程序的公平公正，比如一方不服判决，可在约定期限内提出上诉等。

审判员的感悟：诉讼是一种常见且有效的纠纷解决方式，它是在纠纷当事人的参与下，由人民法院依照法定程序解决具体纠纷的活动。诉讼是以人民法院为主体代表国家行使审判权，以国家强制力为后盾来推动纠纷解决的，整个诉讼过程都有严格的法定程序作为保障，公正司法是维护社会公平正义的最后一道防线。

五、评价内容与标准

实践活动结束后，教师基于不同阶段的不同任务对学生进行评价。

评价内容一：学生基于《中华人民共和国民法典》关于婚姻与家庭的相关知识和收集的案例所创作的剧本。

评价标准：

1.案例是否基于适当的法理依据。

2.案例收集是否符合法律要求的范围。

3.创作的剧本是否语言流畅，情节合理。

4.创作的剧本是否能为维权带来有益参考。

评价内容二：回到课堂，学生基于剧本，设置相关诉讼参与人角色，准备相应的"证据"等材料开展模拟庭审。

评价标准：

1.模拟庭审是否基于剧本，且有适当拓展。

2.模拟庭审是否符合诉讼的基本流程。

3.模拟庭审诉讼参与人是否认真积极。

4.模拟庭审宣判结果是否基于法理依据。

六、小结

法治意识是人们对于法律发自内心的认可、崇尚、遵守和服从。依法治国是党领导人民治理国家的基本方式。全面推进依法治国的总目标是建设中国特色社会主义法治体系，建设社会主义法治国家。作为公民，我们应当尊法学法守法用法。

本次实践活动设计的亮点是顺应学生认知的规律，从理论学习—调查走访—模拟实践—学生感悟等环节出发，遵循实践决定认识，认识指导实践的科学性，让学生在理论学习的基础上通过实践走访，真正体会到我国司法体制的公平与正义。针对高中生处于未成年与成年的交替时期这一特殊成长阶段，加强法治宣传教育，能够增强他们的法治意识，有助于他们在生活中依法行使权利、履行义务，严守道德底线，维护公平正义，做社会主义法治的忠实崇尚者、自觉遵守者、坚定捍卫者。

案例 4

法治主题公园建设推动法治社会建设的社会实践活动方案
——以"浦东新区法治主题园"为例

上海市奉贤区致远高级中学 张淑珍

一、学科知识链接

1.全面推进依法治国的总目标和原则（必修3《政治与法治》高一年级春季第三单元《全面依法治国》第七课《治国理政的基本方式》第二框"全面推进依法治国的总目标与原则"）。

2.法治国家；法治社会（必修3《政治与法治》高一年级春季第三单元《全面依法治国》第八课《法治中国建设》第一框"法治国家"、第三框"法治社会"）。

3.全民守法（必修3《政治与法治》高一年级春季第三单元《全面依法治国》第九课《全面依法治国的基本要求》第四框"全民守法"）。

二、活动目标

1.通过查阅资料，理解法治是人类文明演进中逐步形成的、先进的国家治理方式，全面依法治国是国家治理的一场深刻革命，明确建设社会主义法治国家的基本要求。

2.通过社会调研等实践活动，树立宪法法律至上、法律面前人人平等的法治理念，懂得权利与义务的关系。

3.通过研究性学习活动，加强收集和处理信息的能力、运用知识和独立思考的能力，以及人际交往能力。

4.通过小课题研究，强化团队合作意识，增强社会责任意识，提升法治意识；拥有法治使人共享尊严，让社会更加和谐、生活更加美好的认知和情感。

三、活动实施条件

本次社会实践活动结合了本地资源——浦东新区法治主题园，让学生通过实践探究活动，了解法治主题公园建设在推动法治社会建设过程中的作用，提升全面尊法学法守法用法的意识。借助区域资源，有助于学生更便利地开展本次社会实践活动，也有助于学生更深刻地理解教材知识内容。

四、过程与要求

（一）活动准备阶段

1.活动对象：高一年级学生。

2.活动时间：1周。

3.活动准备。

（1）学生通过网上检索和教师下发的资料，初步收集法治主题公园的相关资料。

（2）学生分四个小组，根据分组及活动场所的不同，可在老师的帮助下与浦东新区法治主题园负责同志联系，进行实地参观、访谈活动。

（3）教师准备各项评比的标准，确定优秀调查成果展示方案、优秀调查小组等的奖励方案。

4.小组实践探究专题。

（1）从浦东新区法治主题园感受全面推进依法治国的总目标和原则。

（2）从浦东新区法治主题园思考法治国家的内涵和建设措施。

（3）从浦东新区法治主题园探究法治社会的内涵和建设措施。

（4）从浦东新区法治主题园总结全民守法的内涵和推进措施。

（二）方案实施阶段

1.分组分工。

浦东新区法治主题园是上海市首个法治主题园，位于浦东新区航头镇，占地160余亩。秉承"法治·文化·亲民·和谐"的设计理念，法治主题园设有法治主题标志区、法治文艺演示区、法治长廊展示区、法治游戏区和法治思想教育区五大特色区域，有镇园石、法治名人墙、法治园艺等12个主要法治景点。浦东新区大力开展群众喜闻乐见的法治宣传教育活动，并根据群众学法需求和法治文化事业发展方向，不断为法治文化主题园充实内容，将法治主题园建设成为传播和弘扬法治文化的综合性平台和推进"法治浦东"建设的重要实践基地。

学生根据四个实践探究专题分为四个小组，各小组民主投票选出小组负责人，统筹组内各项工作。

2.调查访谈。

在规定时间内，各小组根据本小组实际需求进行实地调查并进行记录，在此过程中进行拍照留档等资料收集工作。需要进行访谈的小组可提前与相关负责人进行预约，然后根据访谈提纲进行访谈，在此过程中需要使用电子设备全程记录访谈过程，并在访谈结束后尽快整理出文字稿以便小组总结时使用。

第一小组：本组学生可采用实地调研、查阅网络资料的方式，对浦东新区法治主题园的建设目的、设计思路、布局构造等方面加以分析和总结：浦东新区法治主题园的建设充分体现了建设中国特色社会主义法治体系、建设社会主义法治国家的总目标，坚持中国共产党的领导，坚持人民主体地位，坚持法律面前人人平等，坚持依法治国和以德治国相结合，坚持从中国实际出发的原则。

第二小组：本组学生可采用查阅文献、视频或网络资料、实地调研的方式进行有针对性的实践活动，并结合法治国家相关知识，浦东新区法治主题园的设计理念和其所开展的活动，得出结论：浦东新区法治主题园的建设充分体现出法治国家的内涵，即实行依法治国、依宪治国、依法执政、依宪执政的国家。在现代社会，法治国家意味着国家权力依法行使、国家各项工作依法开展。法治国家要坚持宪法法律至上、坚持良法之治、尊重和保障公民权利、规范国家权力运行。建设法治国家需要推进宪法实施、建立完备的法律体系、完善法律实施机制。

第三小组：本组学生可采用查阅网络资料、实地调研的方式，进行有针对性的实践活动，并在整理资料后，从浦东新区法治主题园的建设目的、设计理念和思路、开展的活动等方面得出结论：法治社会是指法律得到普遍公认和遵从、社会治理依法开展、公共生活和谐有序的社会，社会成员普遍尊法学法守法用法。建设法治社会需要开展法治宣传教育，推动全社会树立法治意识；提高社会治理法治化水平；建设完备的法律服务体系；健全社会矛盾纠纷预防化解机制。

第四小组：本组学生可采用查阅网络资料、实地走访的方式，进行有针对性的实践活动并在整理资料后得出结论：全民守法是指所有社会成员普遍尊重和信仰法律、依法行使权利和履行义务的状态。全民守法要求依法行使权利、依法履行义务、依法维护自己的正当权益。推进全民守法要着力增强全民法治观念；调动人们投身依法治国实践的积极性和主动性；不断加强公民道德建设，弘扬中华优秀传统文化。

（三）交流总结阶段

在实践活动结束后，各小组进行资料的整理、汇总，形成一份总结报告，制作PPT进行课堂汇报。学生根据本次社会实践活动的调查结果，结合家乡法治建设进程进行思考。

五、评价方法与标准

本次社会实践活动评价分为两个部分。

1.过程性评价。

每一位小组成员在活动过程中记录活动内容，描述活动过程及个人在活动中的表现，并在社会实践完成后进行自评、互评和组长评。

评价共分为A、B、C三个等级。其中，A为优秀，在团队中表现突出；B为良好，在团队中无突出表现；C为不合格，需努力。每个团队中，A级占比15%，B级占比70%，C级占比15%。

2.总结性评价。

在小组展示环节结束后，每位成员根据本次社会实践活动的调查结果，结合家乡法治建设的发展以及自身的法治意识谈实践体会，教师根据学生的表现作出评价。

教师将两次评价结果整合，给出综合评价结果。

六、小结

本次实践活动借助了上海本地资源——浦东新区法治主题园进行活动设计。学生通过实地调查研究，感受全面推进依法治国的总目标和原则，思考法治国家的内涵和建设措施，探究法治社会的内涵和建设措施，总结全民守法的内涵和推进措施。借助本地资源首先有助于学生实践活动的开展，不论是活动地点还是活动时间的确定都能更加便利。另外，本地资源相较于区域外资源，学生的熟悉度更高，收集资料也更便利，能产生更深的思考和更强的共鸣。

本次法治主题社会实践活动对高中生具有重要教育意义。一是处在法治社会、法治国家建设的时代背景之下，学生在实践过程中会思考如何构建一个和谐有序的社会，以及法治在国家治理中的重要作用，进而提高自身法治意识素养。二是在整个活动过程中，学生既加强了小组合作的能力，也学会了用科学的方法进行社会调查和资料整合，提高了自身科学精神素养和公共参与素养，有效激发了学生的乡土认同感与社会责任感。

案例 5

法治社会的社会实践活动方案

山东省潍坊市寿光中学　于淑宁

一、学科知识链接

"法治社会"是统编版《思想政治》必修3《政治与法治》第八课《法治中国建设》第三框内容，这一课以"法治中国建设"为核心，主要探究法治国家、法治政府、法治社会一体化建设。法治社会是构筑法治国家的基础，前两框"法治国家"和"法治政府"为"法治社会"的学习筑牢根基。第三框"法治社会"共有两目，第一目是"法治社会的内涵"，介绍法治社会的含义并分析法治社会所包含的具体内容，第二目"建设法治社会"系统阐明了法治社会建设的具体要求和重要意义，与前两框一起构成了法治中国的框架体系。新教材更加注重与现实生活的联系，强调知识的迁移和运用，每一目都设置了"探究与分享"等实践栏目，这节课正是以法治社会为议题的实践活动课。

二、活动目标

1.通过自主预习并查阅资料，理解我国法治社会的内涵、基本特征和建设法治社会的意义，明确建设法治社会的要求。

2.在情境探究中明确全面推进依法治国是国家治理的一场广泛而深刻的革命，建设法治社会是其中的重要一环。通过研究性学习，自主梳理所学内容，结合教材知识和生活实际，构建起建设法治中国这个系统工程的框架结构，提高处理信息和材料的素养及能力。

3.以小组为单位，通过寻找法治社会元素进行分组课题研讨，在实地参观走访中认识到建设法治中国是系统性工程，既需要党和国家的统筹规划，更需要公民和全社会的参与和推动。在解决实际问题中群策群力，为法治社会建设贡献力量。

三、过程与要求

（一）活动准备阶段

1.活动对象：高一年级学生。

2.活动时间：1周。

3.活动地点：法治文化主题公园和各社区、村镇。

4.活动准备。

（1）学生准备：根据家庭所在位置进行分组，就近进行实地参观和访谈，寻找当今社会的法治元素，并能在活动中发现问题、解决问题。学生利用教师下发的教学资料和网络工具，初步收集法治社会的相关法律知识和常识。

（2）教师准备：按照实践活动要求，将同学们分为三个小组，并根据调研目标明确评价标准，确定优秀调研成果的展示方案等。

（二）活动实施阶段

1.第一小组：本组同学参观法治主题公园，以"寻找当今社会的法治元素"为主题，在当今社会的公共法律服务中感受法治元素。

本组学生可在实地参观中，了解法治社会的具体表现，观察人们是否能够尊重法律法规和公园中的公共秩序，学生可以从典型法治人物的角度来探索，感受法治社会的良好运行。如众多法治人物之中，有人以法为武器，向疫情宣战，护佑生命平安；有人投身立法，为美好生活奠定基石；有人为儿童撑起一片蓝天，让良法善治的阳光驱散阴暗；有人以笔为戎，讨伐不公鞭挞不正；有人创新普法，让法律在烟火生活里落地生根。

设计意图：参观法治主题公园可以激发学生的探究兴趣，调动学生的积极性和参与性，引导学生积极主动地向优秀的法治人物学习，并分享自己对于法治社会的认识与看法，为今后走向社会做好准备。

2.第二小组：本组同学在所在地及附近社区了解城区养犬问题，及时记录发现的问题，对于不文明行为向居民和社区工作人员寻求可落实的解决方案。动物防疫与人类紧密相关，自2021年5月1日起，新的《中华人民共和国动物防疫法》正式施行，遛狗拴绳也被写入了法律。

随着社区养狗人士越来越多，许多社区召开会议，准备根据相关法规制定社区文明养狗公约，大家纷纷提出自己的意见。A居民认为应听取多方面的意见，既包括养狗居民的意见，也包括不养狗居民的意见。B居民指出是否系犬绳是养狗居民的自由，应尊重他们的意愿。C居民提出养狗一定要注意卫生，绝不能影响周边环境，给保洁添麻烦……

本组学生收集社区居民的观点，并于组内讨论这些观点是否恰当，运用法律知识分别加以评析。通过走访各社区和社区居委会，询问居委会工作人员、养狗及非养狗居民对于社区养狗管理还有什么建议，及时做好访谈记录。

设计意图：根据当前社会热点问题展开讨论，真正在实践中了解并分析自己所在的社区养狗管理规定是否合法，达到学以致用的目的。从《中华人民共和国民法典》到《中华人民共和国动物防疫法》等的出台，国家对饲养动物有了更加明确的规定，倡导我们要建设和谐的法治社会。

3.第三小组：本组同学在所在地及附近村庄了解该地区的法治文化现状。为了推进法治文化进乡村，各乡镇进行了全方位、长期性的努力：创新普法宣传模式，首创"百姓法治讲堂"，为居民普及法律常识；开展多种形式的"法律进乡村"活动，引导各个村干部和群众自觉守法、办事依法；开辟"绿色通道"，开展法律援助，维护农民工权益；加强人民调解、行政调解、司法调解等衔接配合，化解社会矛盾，形成矛盾纠纷多元化解合力。本组学生可以在走访调研中记录建设法治社会的一系列举措，将收集的成果整理成汇报文档。

小组负责人在实践过程中记录小组成员的表现，根据分配的任务，各组完成组员成长记录表。

组员成长记录表

小组成员	任务	评价及建议(自我/他人评价)
A	记录发现	
B	总结观点	
C	点评观点	
D	代表发言	
E	完善改进	

设计意图：通过实地走访与记录，提高学生观察和深入分析问题的能力，成为学习的主人。各小组寻找法治文化要素，并进行现场讨论，在这一过程中要充分调动学生的积极性，但是当有同学参观与主题无关的内容时，需要老师或同组成员及时提醒。

（三）交流总结阶段

在各组实践活动结束后，各小组负责人带领组员完成资料的筛选、整理，初步在组内进行交流分享，最终汇总成各组的实践活动报告进行课堂展示与汇报。教师进一步引导学生，根据相关法律法规分析在经济、政治、文化、社会、生态文明等方面存在的问题，并思考如何将理想中法治社会的美好愿景变为现实。

四、小结

第一小组的学生在法治主题公园中体悟"法治让生活更美好"，探究法治与生活、法治与道德的关系，紧紧围绕"寻找当今社会的法治元素"的主题，认识到法治与生活息息相关以及法治社会的重要意义，建设法治社会需要每个人的努力。第二小组的学生分析社区的养狗公约是否得当，根据大家关心的问题展开讨论，并及时补充完善养狗公约和规定，第三小组从家乡的法治文化出发，了解当前的法治文化现状，分析其中建设法治社会的一系列举措。在交流总结阶段，教师通过法律条文对照分析，引导学生达成共识：法律权威的根基在于人民的内心拥护和真诚信仰。这一认知过程，有效培养了学生的法律观察力和法治认同感，强化了公民参与意识。

本次社会实践活动过程主要按照"情境探究—问题生成—启发引导—合作探究—交流总结"的步骤开展，让学生在真实情境中感受自主建构知识的过程，进一步激发自身情感，自觉投身于法治社会建设和实现法治中国目标的实践中。活动过程力求贯彻新课标要求，立足于学生发展需要，注重启发学生的认知和实践能力，贴近学生、贴近社会、贴近现实生活。本次社会实践活动让学生认识到建设法治中国是一个系统工程，需要全社会多方位、长期性的努力，需要一体建设、统筹规划、共同推进。

第九章　指向公共参与素养培育的实践教学案例设计

　　《普通高中思想政治课程标准（2017年版2020年修订）》中指出，我国公民的公共参与，就是有序参与公共事务，勇于承担社会责任，积极行使人民当家作主的政治权利。公共参与素养是政治认同、科学精神和法治意识的行为表现，体现了公民应具有的社会责任和担当。培育公共参与意识需要在法治轨道上进行，有序参与公共生活需要人们在行使人民当家作主权利时发挥科学精神，用科学的世界观认识社会，用正确的方法论参与公共活动。具有公共参与素养的学生，应该具有集体主义精神，热心公益事业，乐于为人民服务，能够遵守规则，有序参与公共事务，具备善于对话协商、沟通合作、表达诉求和解决问题的能力，勇于担当社会责任。

　　社会实践活动对中学生公共参与素养的培养具有重要的价值意义。公共参与素养的培育需要我们将"思政小课堂"与"社会大课堂"紧密结合。教师要充分运用社会生活中的各种资源尤其是区域资源，开展思政课有效教学，同时结合具体的教学内容、教学情境、教学要素、教学时间等主客观要素来广泛开展多样化、系列化的社会实践活动，如社会调查、社会考察、采访交谈、模拟体验等，多渠道促进教学内容与实践活动的有机结合。学生在接触社会生活、观察社会、了解社会、思考社会现象中，增强对学科知识内容的理解，形成自己的观点，把知识转化为能力和思想认识，激发内心感悟和认同，促进思想道德境界的提升，加速社会化进程，不仅学以致用还学有所成。社会实践活动有助于学生发挥主观能动性，充分锻炼自身的实践能力，增强对事物的认知和辨析能力，培养沟通和协作能力，提升对国家和社会生活全面、生动的认识；有益于增强公德意识、公共精神和参与能力，成为有担当的中国公民。

在公共素养培育的学科社会实践活动中，公益活动是最常见也是最有效的社会实践活动类型。对这一类型的活动可以采用过程性评价与总结性评价相结合的方式进行评价。过程性评价可以采用自我记录与评价、组内互评、组长评价、教师评价等。在社会实践活动结束后，教师对学生进行总结性评价，关注其核心素养是否提升、主体性与创造性是否充分发挥、交往能力与合作能力是否增强。总之，评价不仅要关注学科内容的学习效果，也要重视学生在实践过程中表现出来的情感、态度和能力；不仅要关注学生静态综合能力的高低，也要重视活动前后学生综合能力的变化，在社会实践过程中促进学生提高自身的公共参与素养。

案例 1

人民城市实现美好生活的社会实践活动方案
——以杨浦滨江为例

上海市奉贤区奉贤中学　朱佳佳

一、学科知识链接

1.以人民为中心的发展思想；贯彻新发展理念（统编版教材《思想政治》必修2《经济与社会》高一年级秋季第二单元《经济发展与社会进步》第三课《我国的经济发展》第一框"坚持新发展理念"）。

2.始终坚持以人民为中心（统编版教材《思想政治》必修3《政治与法治》高一年级春季第一单元《中国共产党的领导》第二课《中国共产党的先进性》第一框"始终坚持以人民为中心"）。

二、活动目标

1.学生通过调查问卷以及访谈的方式，了解随着时代的发展，人民对生活的认知和需求发生了哪些改变，人民对美好生活的向往具体包括哪些内容，增强团队合作意识，培养人际交往的能力和收集、处理、归纳信息的能力。

2.学生通过查阅资料以及实地调查的方式，了解杨浦滨江的"前世今生"，探究杨浦滨江从"工业锈带"到"生活秀带"的转型之路，是如何体现新发展理念和以人民为中心的发展思想的，提高独立思考、小组合作、发现问题、分析问题、解决问题的能力。

3.学生总结杨浦滨江改造过程中的经验和教训，对奉贤新城的建设提出一些具有可操作性的建议，并将这些建议汇总呈现给相关部门，培养青年学子关注家乡发展的社会责任感，提升公共事务的参与能力和素养。

三、活动实施条件

上海杨浦滨江作为本地资源，有助于开展本次社会实践活动，进而帮助学生在社会实践的过程中更深刻地理解教材知识内容。

四、过程与要求

（一）活动准备阶段

1.活动对象：高一年级学生。

2.活动时间：2周。

3.活动准备。

（1）学生搜索调查问卷的格式、模板等，为设计关于"城市如何实现美好生活"的调查问卷做好准备。

（2）学生自主在网络上搜集、整理关于杨浦滨江改造的相关资料，教师可帮助学生补充完善。

（3）学生根据兴趣、特长分成四个小组进行实践探究活动。

4.探究专题。

（1）杨浦滨江在改造过程中坚持了哪些新发展理念？

（2）人民群众在杨浦滨江改造过程中发挥了哪些作用？

（3）人民城市建设是如何体现中国共产党始终坚持以人民为中心的？

（4）结合杨浦滨江改造过程中的经验和教训，谈谈奉贤新城建设可以借鉴的可操作性措施。

（二）活动实施阶段

1.分组分工。

根据四个探究专题将学生分为四个小组进行实践活动。在小组分工时应该尊重学生兴趣，根据学生特长进行分组。各小组通过自荐和他荐相结合的方式选出每组的组长，负责统筹小组活动。

2.设计问卷。

四个小组各设计一份"城市如何实现美好生活"的调查问卷，然后通过组间研讨交流的方式整合优化，最终形成本次实践活动调查问卷的终稿。

3.调查访谈。

各小组按照实际需求进行实地调查并做好调查记录，在调查过程中要做好拍照、录像等资料留档工作。需要进行访谈的小组要根据小组任务设计访谈提纲，并且提前与相关负责人联系沟通。访谈全过程需要用电子设备记录，并且在结束后及时整理出文字稿以便总结时使用。

（1）第一小组：杨浦滨江在充分尊重历史文化的基础上，保护性地保留了大批工业遗存，并结合现代化元素和"国际创新带，活力新滨江"的新理念，规划设计了工业文化特色景观，因地制宜发掘杨浦滨江地区"百年工业传承"的文化特质，彰显"世界一流滨水空间"魅力。本组学生可采用网上查阅资料、实地观光、访谈的方式，对于杨浦滨江在改造过程中坚持新发展理念形成一个完整的结论：杨浦滨江在改造中充分尊重历史文化，在创新、协调、绿色、开放、共享的新发展理念下，重现了城市建筑和空间的风貌、重塑了城市建筑和空间的功能、重赋了城市建筑和空间的价值，让街区宜漫步、让建筑可阅读、让城市有温度。

（2）第二小组：杨浦滨江在改造时不仅满足了人民对美好生活的向往，而且也发挥了人民群众的作用。在滨江岸线上，每隔700米就有一个党群服务站，每个服务站都设置了"人民建议征集点"，希望人们能够主动参与到城市的建设中来。本组学生可在查阅资料、了解相关情况的基础上，实地参观杨浦滨江，从杨树浦电厂遗迹公园到杨树浦驿站人人屋滨江党群服务站，一路打卡杨浦滨江网红点，了解杨浦滨江区域改造的最新成果，看人民和城市如何共建共享。最后得出结论：在滨江开发管理过程中，人民是主体，"为人民"是根本目的，"人民建"是关键路径。

（3）第三小组：在杨浦滨江从无到有、从有到优、从优到精的建设发展中，上海杨浦滨江投资开发有限公司用自己的实际行动，敢试敢闯、走在前列，彰显出"敢于负责、敢破难题、敢于碰硬、敢担风险"的杨浦"四敢"精神。本组学生通过网上查阅资料、实地走访的方式进行调查研究活动，并在整理资料后得出这样的结论：中国共产党是中国工人阶级的先锋队，同时是中国人民和中华民族的先锋队，人民立场是中国共产党的根本立场，全心全意为人民服务是中国共产党的根本宗旨。在杨浦滨江的改造过程中，中国共产党始终坚持以人民为中心，发挥总揽全局、协调各方的重要作用。

（4）第四小组：发放调查问卷"城市如何实现美好生活"，收集了500份有效调查问卷。在此基础上实地调查杨浦滨江实际建设的成果，并且在街头采访市民朋友，收集人们对杨浦滨江改造的评价。结合杨浦滨江改造过程中的经验和教训，谈谈奉贤新城建设可以从中借鉴的可操作性建议，并将这些建议汇总呈现给相关部门。

（三）交流总结阶段

在交流总结阶段，首先，各组完成资料整理并制作PPT在课堂上展示汇报。然后，小组成员根据这次社会实践活动的具体过程谈谈自己的收获和自己对人民城市建设和美好生活的见解。最后，教师进行总结性点评和归纳，并对表现优异的小组和个人进行颁奖。

五、评价方法与标准

本次社会实践活动评价分为两部分。

（一）过程性评价

1.对成员进行评价。

每一位小组成员在活动过程中记录活动内容，描述活动过程及个人在活动中的表现，并在社会实践完成后进行自评、互评、组长评和教师评。评价共分为 A、B、C 三个等级，每个团队中 A 级占比 15%，B 级占比 70%，C 级占比 15%。其中，A 级为优秀，代表其在团队中表现突出；B 级为良好，代表其在团队中无突出表现；C 级为不合格，需努力。

2.对小组进行评价。

每一小组在活动过程中进行评价表记录，描述活动过程及小组在活动中的表现，并在社会实践完成后进行小组互评和教师评。A 级团队 1 个，B 级团队 2 个，C 级团队 1 个。

评价等级：

A：团队凝聚力强，在规定时间内高质量完成社会实践活动；每一位成员都积极参与到活动全过程之中；团队分工合理，团队成员发挥各自特长、优势的同时在活动中各有进步和成长。

B：团队凝聚力较强，在规定的时间内较好地完成社会实践活动，大部分成员都积极参与到活动过程中；团队分工较为合理，团队成员可以按时完成自己的任务。

C：团队凝聚力不强，小组成员之间未能很好地进行沟通、交流与合作；团队分工不太合理，成员在合作的过程中没有太多收获。

（二）总结性评价

在小组完成活动总结汇报之后，每一位成员就本次社会实践活动的调查结果，结合教材知识点及上海人民城市建设经验，对各小组表现进行点评，并谈谈对人民美好生活的看法，教师根据学生的表现作出评价。

评价等级：

A：能有效整合四个小组的交流内容；结合教材知识点对整体调查内容进行有效点评；能将活动内容升华至对家乡发展的认同与自信，并结合家乡实际谈感想。

B：能整合四个小组的交流内容；能结合教材知识点进行点评；能简单地进行主题升华，并结合家乡发展谈感想。

C：不能整合四个小组的交流内容；未结合教材知识进行点评；未进行主题升华，未结合家乡发展谈感想。

教师整合过程性评价和总结性评价的结果，给出综合评价。

六、小结

作为新时代的建设者和接班人，高中生既要关注个人学业成长，也要主动关心国家发展和城市建设。本次社会实践活动借助了上海本地资源——杨浦滨江进行活动设计，学生从"杨浦滨江在改造过程中坚持了哪些新发展理念""人民群众在杨浦滨江改造过程中发挥了哪些作用""人民城市建设是如何体现中国共产党始终坚持以人民为中心的"和"结合杨浦滨江改造过程中的经验和教训，谈谈奉贤新城建设可以借鉴的可操作性措施"四个角度入手，调查、研究人民城市建设对实现美好生活的影响。通过本次活动，学生理解了在城市建设过程中，自己不是局外人，而是参与者，提升了公共事务参与能力，培养了社会责任感和家国情怀，增强了政治认同。

案例 2

基于精细化生活垃圾分类，贯彻新发展理念的
社会实践活动方案

上海市奉贤区曙光中学　胡容鹰

一、学科知识链接

1.新发展理念（统编版教材《思想政治》必修2《经济与社会》高一年级秋季第二单元《经济发展与社会进步》第三课《我国的经济发展》第一框"坚持新发展理念"）。

2.基层群众自治制度（统编版教材《思想政治》必修3《政治与法治》高一年级春季第二单元《人民当家作主》第六课《我国的基本政治制度》第三框"基层群众自治制度"）。

二、活动目标

1.了解与生活垃圾管理相关的法律法规，明确项目实施开展的重要政策制度依据，理解项目开展的实际意义。

2.通过调查访谈，培养观察、分析社会现象和问题的能力，提高解决社会问题的思维能力。

3.通过调研中的问卷设计及数据分析，提高运用问卷调查分析问题及数据的能力，培养实事求是的科学精神。

4.通过项目研究，强化团队合作意识，增强社会责任感，养成追求真理的科学精神，提升社会实践能力，增强公共参与意识。

三、活动实施条件

本次社会实践活动结合生活垃圾管理的相关法律法规，引导学生通过

实践探究，了解当前所在地区生活垃圾分类过程中存在的有待优化的问题，并提出具体的优化建议。活动实施需要学生满足以下三个条件：一是了解生活垃圾分类处理全流程；二是了解问卷设计及调查的常用工具和方法；三是了解建议书的撰写规范。

四、过程与要求

（一）活动准备阶段

1.活动对象：高一年级学生。

2.活动时间：2周。

3.活动准备。

（1）学生通过网上检索和教师下发的资料，初步收集相关资料。

（2）学生根据所在区域的不同，分组进行实地参观、访谈活动。

（3）教师准备各项评比的标准，确定优秀调查成果展示方案、优秀调查小组等的奖励方案。

（二）活动实施阶段

1.政策切入，明确意义。

《上海市生活垃圾管理条例》（以下简称《条例》）是上海市的地方性法规，该《条例》自2019年7月1日起正式施行。截至当前，上海生活垃圾管理是否达到了社会的预期？还存在哪些问题和有待改进的地方呢？

学生通过观察和学习，了解生活垃圾分类的相关规范；学习习近平生态文明思想，理解开展生活垃圾分类的积极意义；调查自己家庭或所在小区生活垃圾管理中的可取之处和不足之处，探讨当前生活垃圾分类可以改进的环节和空间，让生活垃圾分类更加精细化。

2.了解流程，设计问卷。

在初步了解生活垃圾管理的基础上，通过课堂分享交流和小组合作，进一步明确项目研究聚焦的重点问题和推进方向，为后续项目调查研究的实施做好准备。了解问卷设计及调查的常用工具和方法，把握问卷调查的问题设计与调查目标的内在关联性，明确问卷中各项目的问题设计，着手制作调查问卷。学生需要明确调查目的、调查人群及所需资料，在调查对象中应考虑居民、垃圾房管理人员、垃圾清运人员、小区居委会工作人员等对于垃圾分类的意见和想法，同时考虑问题的可行性、排列次序及提问方式。问卷设计以问题设计的有效性、直观性为原则，通过封闭式提问、开放式提问、响应式提问，结合前面课时所学内容讨论后提出关于项目调查的问题设计清单，在小组间进行交流，并在教师指导下完善问卷问题设计。

3.开展实践，调查现状。

结合实际情况，梳理分析项目调查的重点对象及需要调查的重点问题，确定调查对象和访谈问题。

居民生活垃圾分类最初面临的问题是"如何分类、投放生活垃圾"。到如今，居民基本养成自觉分类投放生活垃圾的习惯，居民生活小区环境明显改善，实施效果显现。那么，当前居民生活垃圾分类中存在的突出问题和矛盾是什么呢？如何通过更加优化和精细的垃圾分类举措提升生活垃圾分类管理水平？

本阶段设置三项任务：一是让学生上网查找有关垃圾分类工作的报道和资料，寻找垃圾分类施行至今已取得的成果，探寻现有还存在问题的环节。二是让学生利用网络、问卷调查、实地走访等方式，了解自己所在社区的垃圾分类情况，可以从分类时间如何更科学，垃圾分类箱的设置如何更完善，如何调动垃圾房管理人员的积极性等方面，探究可改进的环节。三是让学生在网上查找各地优化生活垃圾分类处理的方式，结合本社区的新问题，探究更加精细化的垃圾分类方式。

4.总结建议，形成报告。

本阶段让学生将调查结果、数据资料进行整理，学习调查报告撰写的一般格式和要求；在调查分析的基础上，综合运用学科内容，撰写具有可操作性的建议书。学生可以利用问卷星分析报告功能进行问卷分析。问卷星问卷自带表格、饼状图、柱状图、折线图等多样化数据统计结果呈现方式，我们可以根据需求利用不同的图表格式类型进行数据分析。通过分析、梳理、总结，提出关于如何精细化生活垃圾分类，贯彻新发展理念的建议，并形成一份内容具有针对性的建议书。

（三）交流总结阶段

实践活动结束后，各小组进行资料的整理、汇总，形成一份建议书并在课堂上进行展示和交流。学生根据本次社会实践活动的调查结果，结合自身思考谈感想。

五、评价方法与标准

本次社会实践活动评价分为两个部分。

1.过程评价：对小组分工合作表现及任务实施过程进行评价。

每一位小组成员在活动过程中进行评价表记录，并在社会实践完成后进行自评、互评和师评。每个团队中A级占比15%，B级占比70%，C级占比15%。

活动过程评价表

评价维度	自评	互评	师评
小组成员任务分工明确(20分)			
勇于表达自己的观点(20分)			
任务完成方式方法得当(20分)			
信息搜集处理充分、得当(20分)			
对项目任务理解深刻、独到(20分)			
评价等级			
注:满分为100分,得分90~100分为A级;70~89分为B级;低于70分为C级。			

2.结果评价：对调研数据的运用情况及报告建议内容的完整性、表述的科学性及建议的可操作性进行评价。

活动结果评价表

评价维度	自评	互评	师评
小组合作及同伴交往能力提升(20分)			
互联网信息技术及资源利用能力提升(20分)			
采用问卷进行调查的方法和能力明显提升(20分)			
发现、分析、解决实际问题能力提升(20分)			
调查报告撰写及语言表达能力提升(20分)			
评价等级			
注:满分为100分,得分90~100分为A级;70~89分为B级;低于70分为C级。			

教师将两次评价结果整合，给出综合评价结果。

六、小结

本次实践活动立足于生活垃圾管理的相关法律法规，选择区域内的资源进行活动设计，首先有助于活动地点和活动时间的确定。其次，学生对本地政策的熟悉度更高，更方便收集资料。最后，在完成总结性作业的时候，学生能够产生更深的思考和更强的共鸣。在整个活动过程中，学生的小组合作及同伴交往能力，互联网信息技术及资源利用能力，采用问卷进行调查的方法和能力，发现、分析、解决实际问题的能力，以及调查报告撰写及语言表达能力均得到有效提升。

案例 3

完善社区养老服务的社会实践活动方案

上海市奉贤区曙光中学　黄圣怡

一、学科知识链接

1.人民民主专政的本质：人民当家作主（统编版教材《思想政治》必修 3《政治与法治》高一年级春季第二单元《人民当家作主》第四课《人民民主专政的社会主义国家》第一框"人民民主专政的本质：人民当家作主"）。

2.基层群众自治制度（统编版教材《思想政治》必修 3《政治与法治》高一年级春季第二单元《人民当家作主》第六课《我国的基本政治制度》第三框"基层群众自治制度"）。

3.新发展理念（统编版教材《思想政治》必修 2《经济与社会》高一年级秋季第二单元《经济发展与社会进步》第三课《我国的经济发展》第一框"坚持新发展理念"）。

二、活动目标

1.通过查阅资料，理解中国特色社会主义民主的内涵，了解有序参与政治生活的渠道和方式，加强对中国特色社会主义政治制度优越性的理解和认识。

2.通过研究性学习活动，培养和锻炼自主学习、合作探究、决策判断、解决问题、语言表达等高阶能力。

3.通过深入调研，在与社会的接触中提升社会责任感、社会担当意识，培养并坚定"四个自信"，积极为实现中国梦贡献一份力量。

三、活动实施条件

教师在学校的支持下，利用各种有效的社会资源，为学生创设本次社会实践活动所需的真实情境，鼓励学生主动参与，让学生对企业、社区、政府机关等进行访问。实践过程中为学生提供相机、录音机和电脑等硬件设备支持，以发掘学生的各种潜能，从而达到预期的教学效果。

四、过程与要求

（一）启动阶段：引发热点，合作探究

1.理论学习，掌握公共参与的基本知识。

学生要学习中国政党制度和人民政协知识、政协报告基本知识、社会调查研究方法、演讲与辩论、哲学和辩证思维方法等，理解中国特色社会主义民主的内涵，了解有序参与政治生活的渠道和方式，加强对中国特色社会主义政治制度优越性的理解和认识。

2.小组构建，提高合作探究的学习能力。

每个学生都要积极主动地去探索、学习、建设，加强合作交流。一般6人一组，小组成员分工明确，需要具有组织领导能力的组织负责人、有调研能力的调研负责人、有多媒体操作能力的技术负责人、有撰稿能力的写作负责人、有表达能力的演讲负责人等，学生自己组织管理，自主地开展各类活动。

（二）实施阶段：研制方案，合作调研

1.方案制订，提高自主自决的主体意识。

教师需要将问题分解成一系列具有可操作性的任务，指导学生做什么、如何做，帮助学生理解模糊、复杂的任务。一般来说，形成一份报告的基本步骤是：提出民生问题—收集相关新闻—查阅文献—设计问卷访谈—开展调查—分析数据—形成报告。学生需要搜集资料，进行头脑风暴，确定议题和方案。学生确定议题的过程，就是在实践与反思中提升自我发现问题、分析问题的能力的过程。

2.实地调研，形成艰苦奋斗的意志品质。

调研是报告形成的重点环节。学生需要访谈养老服务中心工作人员，了解奉贤区老龄化程度，社区养老的运行模式，养老服务运营方的经营现状，养老服务人员配备情况，项目收费情况，运营中遇到的问题和希望获得的支持等。学生还需要访谈老年群体，内容主要围绕老年人的个人基本信息，老年人对养老服务及设施的认知，对养老设施和服务的需求情况，对养老服务中心工作人员的满意点和不满意点，接受过的服务内容、形式、手段等方面展开。教师需要根据相关内容寻找有关资源，为学生解决问题提供支持。

3.问卷调查，树立实事求是的工作作风。

只有在调查研究中，才能获取一手资料和信息，为进一步分析判断提出科学合理的建议奠定基础。为收集具体的数据，得到更加准确的信息，向老年人及其家属发放问卷，对填写不方便的老年人可以采取口述的形式代为填写。通过问卷分析、总结出社区养老服务发展中存在的问题。调查问卷的问题设计要考虑五个原则：包容性原则，即封闭型题目的选项要包括所有可能回答的种类；区分性原则，即封闭型题目的选项之间不能有交叉关系；中立性原则，即提出问题时不能有主观偏见；单一性原则，即问卷中每一项只含有一个问题，不能有并列问题的出现；明确性原则，问题和选项必须清楚明白，不会产生歧义。

（三）总结阶段：交流评价，完善报告

1.撰写报告，塑造创新开拓的思维方式。

学生提出解决问题的不同方法，通过小组讨论，批判思考，分析合理与不合理之处，不断完善直至找到解决问题的最佳方法。通过对不同国家以及我国不同领域的政策进行分析比较，借鉴有益经验，提出有效对策。在对各种情况进行比较、评估、决策的过程中，学生学会用马克思主义基本立场、观点和方法进行理性思考，积极应对挑战，努力解决问题。学生可在教师的指导下撰写调研报告，也可以通过模拟新闻发布会、小组讨论、陈述展示、现场答辩等多种形式进行交流与展示。

2.完善报告，深化爱国奉献的家国情怀。

学生们通过报告展示、小组讨论、专家点评等活动，有针对性地探讨对策，获得不同的观点，不断完善报告并形成定稿。在此过程中，教师一方面要正面回应、鼓励学生分享参与过程、表扬学生实践成果的独到之处，提高学生的积极性，促进学生在未来的课堂学习中继续保持积极参与的劲头。另一方面，教师要考虑到高中生的认识和能力存在局限性，对事物的理解可能比较片面和肤浅，需要带领学生进行系统的总结和归纳。教师还可邀请相关领域的专家、政协委员，在学生汇报成果时进行指导和点评，帮助学生更好地提升自我，进一步提升报告质量。

五、评价方法与标准

本次社会实践活动适合采用表现性评价来考查学生知识与技能的掌握程度，以尊重和体现学生个体的差异，促进学生尽可能地实现自身价值。对于被评价主体来说，教师在开展活动时很难完全掌握所有学生在整个活动过程中的表现，容易忽视学生在活动过程中的方法运用、努力程度和发展变化，因此需要将学生自评、学生互评、教师评价甚至实践单位或专家的评价结合起来，保证评价的真实性、客观性和全面性。

社会实践活动评价表

评价内容	评价参考要求	自评	互评	师评	得分
发现问题能力（10分）	是否具有普遍性,是否具有可行性,是否具有创新意识				
社会调研能力（20分）	是否参与调研设计,是否参与调研过程				
分析问题能力（30分）	是否有调研过程的详细描述,是否有充足的案例或证据,是否突破问题难点;建议是否明确,是否有说服力,是否有创新意识,是否易于政府部门执行				

评价内容	评价参考要求	自评	互评	师评	得分
语言表达能力 （15分）	陈述是否声音响亮、观点明确、思路清晰、表达自信、逻辑性强，是否具有一定的观赏性、专业性，是否有情感投入				
合作交流能力 （10分）	是否遵守活动规则，是否服从指导老师安排，是否积极地参与小组活动（5分）				
	组长是否能积极地为小组服务，是否能平均、合理地分配任务，小组成员是否能认真倾听、互助互学（5分）				
多媒体操作能力（15分）	是否能在报告文稿的基础上整理出PPT要展示的主要内容，PPT和视频制作是否有创新、有创意，是否吸引观众				

注：满分为100分。各项得分为自评、互评和师评得分的平均分。

六、小结

本次社会实践活动在设计时，重点突出以下两个关键维度。

第一，加强课堂与社会的联系。在百年未有之大变局中，学生必须要面对当前社会变革和实践创新中的新挑战、新问题。社会实践活动能够帮助学生加强课堂和社会的联系，让学生走入社会、感知社会。学生通过实地考察，与社会上不同身份、不同职业的人群进行交流访谈，了解到各行业工作中的辛酸与快乐，了解到不同群体的真实诉求。在调研及撰写报告的过程中，学生不断摸索、反思、体悟，提升发现问题、解决问题的能力，提升辨析概念的能力，加深对课堂知识的理解能力。

第二，培养学生的核心素养。通过实地调研和撰写报告，学生在活动中与不同群体交往沟通，提升了公共参与能力、小组合作能力，学会了用科学的方法开展社会调查研究。在整个实践过程中，学生体验到中国特色社会主义民主政治的运行模式，了解到有序参与政治生活的途径和渠道，体会到社会主义协商民主的优越性，增强了道路自信和制度自信。

案例 4

探究非物质文化遗产创新与发展路径的社会实践活动方案
——以"高桥绒绣"为例

上海市高桥中学　申巧巧

一、学科知识链接

1.中华优秀传统文化的主要内容及特点、中华优秀传统文化的当代价值；创造性转化与创新性发展的内涵及要求（统编版教材《思想政治》必修4《哲学与文化》高二年级秋季第三单元《文化传承与文化创新》第七课《继承发展中华优秀传统文化》第二框"正确认识中华传统文化"、第三框"弘扬中华优秀传统文化与民族精神"）。

2.文化交流与文化交融（统编版教材《思想政治》必修4《哲学与文化》高二年级秋季第三单元《文化传承与文化创新》第八课《学习借鉴外来文化的有益成果》第二框"文化交流与文化交融"）。

3.文化发展的基本路径（统编版教材《思想政治》必修4《哲学与文化》高二年级秋季第三单元《文化传承与文化创新》第九课《发展中国特色社会主义文化》第二框"文化发展的基本路径"）。

二、活动目标

1.结合资料查阅、理解中华优秀传统文化的主要内容及特点；分析中华优秀传统文化的当代价值与发展途径；树立对待不同文化的正确态度，不断铸就中华文化发展新辉煌。

2.通过参观场馆、阅读资料、采访调研等方式，锻炼对问题的搜集、汇总、分析能力，加强辩证思维能力的提升和综合能力的锻炼。

3.通过小组合作的方式，加强团队意识，在社会实践过程中培育公共参与素养，主动将课本知识内化于心，外化于行，深入理解传承和发扬中华优秀传统文化的必要性，增强对中国特色社会主义文化的自信。

三、活动实施条件

本次社会实践活动结合本区域的非物质文化遗产——高桥绒绣，引导学生探究具有区域特色的绒绣故事，加强学校教学和乡土文化的有效结合，让学生感悟新时代背景下中华优秀传统文化的当代价值和创新性发展方式，提升学生对于非物质文化遗产的保护意识。

高桥镇设有绒绣馆，有着优秀的绒绣传承人和绒绣技艺人，依托于这些资源开展社会实践活动将更加便捷高效。同时，绒绣作为国家级非物质文化遗产，以其为载体探究中华优秀传统文化的创新和发展过程，有助于学生对于课本知识的理解。

四、过程与要求

（一）活动准备阶段

1.活动对象：高二年级学生。

2.活动时间：4周。

3.活动地点：高桥绒绣馆。

4.活动准备。

（1）班级同学分为三组，以小组为单位开展本次的社会实践活动。

（2）学生运用互联网进行资料搜集及课本内容巩固练习，初步了解非物质文化遗产以及高桥绒绣的相关信息，在此基础上草拟访谈提纲。

（3）教师明晰各项评比标准，形成评价表；确定优秀调研报告、优秀绒绣作品、"最佳金点子"等的奖励方案。

5.探究主题：非物质文化遗产创新与发展路径——以"高桥绒绣"为例。

（二）方案实施阶段

1.校内活动。

（1）组织开展辩论赛——初步了解非物质文化遗产。

辩题：非物质文化遗产，应该/不应该融入流行元素。

班级同学分为三组，一组为正方，一组为反方，另外一组为主持协助，围绕主题于校内开展本次的辩论赛活动。

（2）组织安排校外活动的小组分工。

结合辩论赛内容，三个小组成员针对资料收集、访谈问题设计、信息汇总分析、调研反馈分享等各项任务做好分工安排。各小组推选一名小组长，负责本小组社会实践活动的协调组织工作。

各小组围绕非物质文化遗产——绒绣的创新与发展路径问题，展开本次探究活动。在此过程中，同学们需总结中华优秀传统文化发展的一般性举措。对问题的探究，各小组可从不同的角度展开：

角度一：过去的发展经验——近年来，高桥绒绣遇到了什么困难，又是如何克服的。此角度主要致力于研究在高桥绒绣发展过程中为什么要创新、怎样进行创新。在实践过程中探究：发展面向现代化、面向世界、面向未来的，民族的科学的大众的社会主义文化，打造人民群众喜闻乐见的文化精品的优秀做法。

角度二：当前的发展态度——高桥绒绣在进行文化交流和文化交融的过程中如何对待不同文化。国外优秀的油画作品、少数民族的文化等各具特色的文化元素通过绒绣形式呈现出来。在此过程中通过访谈、参观等，总结出文化发展中对待外来文化和其他文化应该树立的正确态度。

角度三：未来的发展定位——未来，高桥绒绣将如何发展。探究更好发挥绒绣时代价值的路径。此角度结合参观、访谈以及资料搜集和分析，总结文化发展的基本路径，理解坚持以人民为中心、立足时代之基和融通不同资源的方法，进一步坚定中国特色社会主义文化自信。

2.校外活动。

（1）组织实地参观。教师同高桥绒绣馆相关负责人及讲解员协商参观时间，组织学生前往参观。参观过程中，各小组结合自己的侧重方向，仔细倾听讲解，并对重要内容做好文字记录。

在实地参观后，各小组结合各自方向，完善草拟的访谈提纲，形成具有针对性、完整性的访谈提纲，为访谈做好准备。

（2）开展对话访谈。教师同高桥绒绣传承人与绒绣技艺人协商访谈时间，在规定时间内，组织各小组成员根据本组侧重点进行访谈。在此过程中，小组成员按前期的分工开展记录、拍照以及资料汇总等工作。各小组在访谈过程中如需要录像、录音等，需在访谈开始前征询访谈对象的意见。

主要采访人员要结合访谈提纲以及采访对象的回答合理调整问题，灵活提问。记录人员需对整个访谈过程中的对话内容做详细记录，供后期分析使用，可采用电子设备辅助记录。拍照要注重抓拍访谈过程中的出彩瞬间。后期的资料汇总分析要注重对访谈过程中有效内容的挑选和整理。

（3）体验绒绣技艺。在绒绣老师的带领下，以小组为单位合作完成各小组的绒绣作品，体验绒绣技艺，体验活动过程中注意安全操作。小组各成员均要参与绒绣作品的制作，本次社会实践活动时间为4周，小组内各位成员需在绒绣老师的指导下做好分工合作，完成属于自己的绒绣作品。

（三）总结分享阶段

各小组在资料分析汇总的基础上，针对非物质文化遗产创新与发展路径形成调研报告，并制作PPT在课堂上展示交流。各小组成员针对本次社会实践活动内容，结合自身感受，为高桥绒绣的宣传发展提供一个"金点子"。各组展示绒绣作品，介绍、分享绒绣发展"金点子"，最终由同学们投票选出"最佳金点子"。每位成员结合本次的社会实践活动分享自己的活动感想，活动感想也将作为最终评价的指标之一。

五、评价方法与标准

本次社会实践活动将评价主体设定为学生本人、组长、教师、绒绣技艺人等，采用五星评定的方式（五星为最高），依据社会实践综合素质评价指标展开，将过程性评价和总结性评价相结合。

个人自评指标细分为各条例，个人按要求自行评定。组长评价根据布置的小组任务，由小组长考虑个人整体性表现，给予对应星级，其中组长的评价由老师评定。教师和绒绣技艺人评定小组等级，此等级适用于小组内的各位成员。

将社会实践评价表及评价指标在社会实践活动开始前发给学生，一方面有助于考查学生的学习情况，另一方面也有助于发挥活动的引导作用。

非物质文化遗产创新与发展路径——高桥绒绣社会实践评价表

学校：_____ 班级：_____ 姓名：_____ 学号：_____ 组号：_____

评价类型	评价内容	关键行为表现	自评	组长评	教师评	绒绣技艺人评
过程性评价	小组合作表现	积极参与本组活动,主动承担本组任务				
		主动、清晰陈述自我观点				
		尊重他人观点,团结他人				
		认真完成小组分工任务				
	参观及访谈情况	遵守场馆秩序、举止文明				
		认真倾听场馆讲解				
		能根据访谈现场灵活应变				
		及时做好文字、图片记录				

续　表

评价 类型	评价 内容	关键行为表现	自评	组长评	教师评	绒绣技 艺人评
总结性 评价	成果汇 报展示	语言表达清晰、角度明晰		—		
		PPT清晰美观、有层次		—		
		汇报内容密切结合参观和访 谈情况		—		
		论证过程清晰、有理有据,论 证严谨		—		
		紧扣研究问题,并总结出解决 方法		—		
	活动感 想评价	感想紧紧围绕活动本身,针对 问题有自己的思考		—		—
		行文流畅、内容逻辑清晰、意 见具有建设性		—		—
	最佳金 点子	第一组(　　　)　第二组(　　　)　第三组(　　　)				
	星值 总数					

(最佳金点子由教师及绒绣技艺人商讨决定,个人及组长不用填写。)

非物质文化遗产创新与发展路径——高桥绒绣社会实践综合素质评价指标

评价指标	水平1(0—1星)	水平2(2—3星)	水平3(4—5星)
知识点呈现与理论运用能力	无法聚焦中华文化发展的相关活动现象,知识点有明显错误,观点不明确或没有观点。不能正确运用理论知识及学科专业术语进行问题的分析并给出合理的建议	能够聚焦中华文化发展的相关活动现象,知识点呈现无明显的错误,观点无明显错误,能够正确运用理论知识及学科专业术语进行问题的分析并能够给出合理的建议,能够体现出对于中华文化的认同	紧紧围绕中华文化发展的相关活动现象,对于问题要点理解准确,知识点呈现正确,观点表述清晰,能够正确运用理论知识及学科专业术语进行问题的分析并能够给出合理的建议,充分体现了对于中华文化的认同
问题解决与方法运用能力	不注重资料、信息的搜集及归纳的方法,无法根据已获得信息归纳整理出相关促进中华文化发展的解决策略	比较注重资料、信息的搜集及归纳的方法,成果汇报可以根据已获得信息归纳整理出较为合适的中华文化发展策略,具有一定的科学精神素养	非常注重资料、信息的搜集及归纳的方法,成果汇报条理有序,能根据已获得信息归纳整理出的中华文化发展策略合理且有针对性,具有突出的科学精神素养
自我管理与团队合作能力	采访以及小组展示阐述时表情紧张、不自然,小组的整体活动参与度不高	采访以及小组展示阐述时表情自然,小组的整体活动参与度适中,能体现一定的公共参与素养	采访以及小组展示阐述时表情很自然,小组的整体活动参与度较高,公共参与素养充分体现,有较强的团队意识
语言表达能力	不能运用学科相关知识内容进行自然流畅的表达,采访中问题表述缺少重难点,小组讨论中没有自己针对问题的看法和建议	能够运用学科相关知识内容进行自然流畅的表达,采访中问题表述能够突出重难点,能体现出一定的辩证思维,小组讨论中针对问题会发表自己的一些看法和建议,成果汇报有条理	准确运用学科相关知识内容进行自然流畅的表达,采访中问题表述突出重难点且具备较强的思辨性,积极参与小组讨论并能够针对问题发表较为合理且有效的看法和建议,成果汇报条理清晰

六、小结

中华优秀传统文化是中华民族的"根"和"魂"。中华优秀传统文化是中华民族的精神命脉，是涵养社会主义核心价值观的重要源泉，也是我们在世界文化激荡中站稳脚跟的坚实根基。习近平总书记指出："文化自信，是更基础、更广泛、更深厚的自信。"为此，要深入挖掘中华优秀传统文化的深厚底蕴，让中华文化展现出永久魅力和时代风采。

上海绒绣作为中华优秀传统文化之一，于2011年被列入第三批国家级非物质文化遗产名录，是一种具有中国特色的工艺美术品。本次社会实践活动立足乡土自身特点，致力于倾听乡土声音，讲述乡土故事，体会乡土韵味，让学生在实践中，体会新时代背景下熠熠生辉的中华优秀传统文化，将"思政小课堂"和"社会大课堂"有效联动，在社会实践过程中落实学科核心素养的培育。

鉴于此，本次活动设计围绕三个"走进"展开：一是走进绒绣馆，倾听乡土声音。教师组织学生对绒绣技艺开展一次参观活动，直观认识绒绣技术的发展历程，总结中华优秀传统文化在这些年的创新和发展路径。二是走进传承人，讲述乡土故事。通过倾听绒绣技艺人的故事，组织一次采访活动，让学生在交流对话的过程中去感悟传承绒绣技术的不易，在乡土故事中明确中华优秀传统文化发展的必要性与重要性。三是走进非遗文化，体会乡土韵味。通过亲身实践，体悟匠人精神，增强对非物质文化遗产的认知，坚定文化自信。

本次活动以小组为单位展开，无论是在参观、访谈还是在小组汇报展示成果的整个过程中，都以学生为主导，教师起辅助作用，引导学生掌握基本的社会调查方法，提升社会调查能力。结合高桥绒绣的过去、现在以及未来的变化和发展，展示非物质文化遗产的绚烂、中华优秀传统文化的魅力，学生更加坚定中国特色社会主义文化的高度自信。

案例 **5**

进一步加强老年群体适应城市数字化转型的社会实践活动方案

上海市奉贤中学　徐洁

一、学科知识链接

1.以人民为中心的发展思想（统编版教材《思想政治》必修2《经济与社会》高一年级秋季第二单元《经济发展与社会进步》第三课《我国的经济发展》第一框"坚持新发展理念"）。

2.人民民主专政（统编版教材《思想政治》必修3《政治与法治》高一年级春季第二单元《人民当家作主》第四课《人民民主专政的社会主义国家》第一框"人民民主专政的本质：人民当家作主"）。

3.中国共产党领导的多党合作和政治协商制度；基层群众自治制度（统编版教材《思想政治》必修3《政治与法治》高一年级春季第二单元《人民当家作主》第六课《我国的基本政治制度》第一框"中国共产党领导的多党合作和政治协商制度"、第三框"基层群众自治制度"）。

二、活动目标

1.通过研究性学习活动，以团队协作形式进行多样的实践活动，提高对话协商、沟通合作、表达诉求和解决问题的能力，培育具有集体主义精神的公共参与素养。

2.通过模拟政协活动，调研城市数字化转型中老年群体的适应情况，有序参与公共事务，理解人文关怀的现实意义，培育勇于担当社会责任的公共参与素养。

3.在发现问题、解决问题并形成提案的过程中，体验人民当家作主的幸福感，真正热心公益事业，践行公共道德，培育乐于为人民服务的公共参与素养。

三、活动实施条件

学生借助区域内资源，深入乡村，或走进社区、银行、公交站等老年人较多的场所进行实地观察，对村委会、居委会及政府老龄工作相关部门进行深度调研，对如何进一步加强老年群体适应城市数字化转型，提出具有可行性的解决措施。

四、过程与要求

（一）活动准备阶段

1.活动对象：模拟政协社团（6人）。

2.活动时间：4周。

3.活动准备。

（1）学生根据分组及活动场所的不同，在老师的帮助下与相关单位负责同志联系进行实地参观与访谈活动。

（2）学生通过教材知识和教师下发的资料，初步了解人民政协和基层群众自治的基本知识，研究与分析模拟政协案例。

（3）教师准备评价方案并明确评价标准。

（二）方案实施阶段

1.明确活动目标。

通过检索收集资料、阅读文献，明确城市数字化转型进程中坚持以人民为中心，但目前还需要提升城市数字基础设施、政府数字治理和市民数字素养。在数字普惠方面强调多层次、多群体享受数字红利。学生结合日常观察，调查分析目前城市数字化转型进程中老年群体的智能设备使用情况及网络适应情况，并提出进一步的完善措施。

2.发放线上问卷。

学生从智能产品（例如智能手机）使用熟练程度、使用目的、因数字化带来的困扰、已有解决措施及实施效果、老年群体的愿望或希望等角度进行问卷设计。随后发放关于数字时代老年人适应情况的线上问卷,填写此问卷的多为中青年人,问卷调查结果符合预期,具有典型性。

设计问卷时,可以借助问卷星进行线上问卷制作,4名同学负责问卷回收后的数据整理,2名同学对最后的数据进行分析。问卷设计与分发、问卷回收与数据整理皆由学生自行完成。

3.开展实地调查访谈。

首先确定不同地点与对象的采访提纲,使问题更有针对性:对社区老年群体进行随机采访;结合数字化现象及已有措施的落实与推进等情况,与居委会、村委会等基层群众自治组织中的相关负责人进行访谈。随后分组前往与老年人生活息息相关的场所,进行实地观察与采访记录,如前往"全国示范性老年友好型社区"吴房村就其科技助老模式的实施情况等进行实地考察。最后通过教师提前联系政府部门的相关工作人员,学生进一步了解政府在数字化转型过程中针对老年群体关照的政策制定与推进情况,并询问改进建议。在此过程中经采访者同意后进行拍照、录像等记录访谈过程,并及时整理出文字稿,社团成员进行数据分析,最后汇总结果。

4.分析统计结果。

通过问卷法和访谈法进行调研,结合定量分析和定性分析得出结论,了解到各地对老年群体的帮助情况、国家在就医出行等方面对老年群体进行帮扶的相关政策、老年群体因智能设备使用不便而面临被边缘化的现状等,提出让老年群体更好适应城市数字化转型的相关建议,为进一步分析解决老年群体的适应问题提供有力支撑。

在最后的结果统计分析中,总结出目前存在的问题有:托底预案未到位,政策落实尚不足;家庭反哺不及时,社区关怀未成蹊;设备功能繁而杂,难于学习困扰人;生理衰退难于学,心理焦虑怯于用。

5.形成报告提案。

基于调研结果,各小组形成报告提案,提出具有针对性的解决措施:政府加强监管,建设智慧老龄社会;基层社区加强宣传,构筑便利生活;

企业提供产品服务，优化产品功能；老年群体积极拥抱数字时代，顺应数字转型，优化传统生活方式。

（三）交流总结阶段

实践活动开始之前，学生通过民主选举选出社长，并进行任务划分。在实践活动过程中，学生交流个人的想法与建议，实时交流目前个人或组内进度。实践活动结束后，每位成员依照划分的任务将数据资料等进行整理、汇总，形成一份有理有据的调研报告和精练的提案，并制作PPT和发言稿，结合个人负责部分进行交流展示。

五、评价方法与标准

本次社会实践活动评价分为两个部分。

1.过程性评价。

社团社长：是否在活动期间担当起统筹安排调研任务及监督调研进度的责任；能否依据每位社员的特长及性格特点，合理安排任务并给出适当反馈；是否有较强的沟通交流能力及总结汇报能力。

社团成员：在调研各阶段是否按时完成自己的任务，完成质量如何，有无创新观点的提出；是否具有团队精神，能否团结成员并进行有效的沟通与合作。

2.总结性评价。

评价内容：学生调研报告、提案、PPT展示的完成度；学生对本次社会实践活动的反思与感想。

评价等级：

A：在完成调研报告、提案中发挥重要作用；在PPT交流展示中表现突出（语言逻辑清晰，PPT内容突出重点、契合主题，仪态大方得体等）；能将活动内容升华至对相关群体的人文关怀等方面。

B：能辅助完成调研报告、提案；在PPT交流展示中无突出表现；能结合教材知识点简单地进行主题升华。

C：未能有效参与完成调研报告、提案；消极对待PPT交流展示；未进行主题升华。

社团成员在活动过程中进行交流记录，并在社会实践完成后进行自评、互评和社长评价。A级占比15%，B级占比70%，C级占比15%。

教师整合两次评价结果，给出综合评价。

六、小结

本次社会实践活动结合我国数字科技迅猛发展并进入数字时代的现状，基于我国以人民为中心的发展思想，分析老年人与数字时代脱节而产生的一系列社会问题；随后学生通过线上调查问卷，深入老年人较多场所进行考察，对基层群众自治组织、政府相关部门的工作人员进行采访调研等；最后，基于实际情况，结合定性与定量分析，对如何进一步加强老年群体适应城市数字化转型，提出具有可行性的解决措施，充分落实科学精神的目标指向。

活动选择的实践场所生活化，覆盖面广且具有代表性，有助于学生观察、记录，并在后续提出解决措施时能具体问题具体分析。学生在这一活动过程中独立查阅新闻、政策等文献资料，参与分工合作的团队实践，能培养发现问题的社会观察力、收集信息和处理数据的分析能力，增强团队协作精神。同时，以模拟政协的活动形式开展课题研究，学生能够在实践过程中明确人民政协的履职方式、组织形式、议事规则等，有利于理解学科知识内容，进一步了解、体会、认同中国特色社会主义制度，提升政治认同素养和公共参与素养。最后在形成调研报告、提案、PPT与实践活动视频的过程中，学生能发展语言组织、视频制作、审美旨趣、演讲展示等实践能力与综合表达能力。

从老旧小区改造中探寻基层自治密码的社会实践活动方案

上海市奉贤中学　　赵敏

一、学科知识链接

"基层群众自治制度"是统编版《思想政治》必修3《政治与法治》第六课《我国的基本政治制度》中的内容，讲述了我国的基层群众自治的组织形式，以及人民群众直接行使民主权利的实践。基层群众自治制度是中国特色社会主义民主政治的重要组成部分，是中国特色社会主义政治制度优越性的主要体现，是我国发展社会主义民主政治最直接、最广泛、最生动的基层民主实践，是人民当家作主最有效、最广泛的途径。

二、活动目标

1.通过对老旧小区改造的调查，了解现实生活中居委会的运作情况，进一步明确基层群众自治的内容和特点，有序参与公共事务。

2.通过实践活动，懂得依法直接参与基层民主实践的重要性和要求，同时加深对我国社会主义制度优越性的认同。

3.在了解实际情况的基础上，为各自社区建言献策，以此提升公众参与的核心素养，体验人民当家作主的幸福感。

4.通过各种途径收集、查阅、整合资料，增强信息意识和创新意识，做到知、情、行的统一，并提升对话协商、沟通合作、表达诉求和解决问题的能力，勇于担当社会责任。

三、活动实施条件

老旧小区改造是城市更新的重要内容，有助于提升城市形象，促进城市可持续发展。本次社会实践活动让学生参观社区，了解老旧小区改造情况，探寻基层自治密码。

四、过程与要求

1.设计分工：查阅相关资料，自由组成若干调查小组。小组成员根据自主学习的内容商议活动的方案，并根据各自的特长分工。以居住地域为单位，学生分组与居委会进行电话沟通，确定调查内容与对象。

2.参观调查：依据计划分组进行合作探究，了解老旧小区改造的情况，搜集人们直接参与基层民主实践的事例，撰写调查报告。

参观社区，了解社区的基本情况、工作地点的功能区划分、区务公开、居民规范和自治章程；对居委会主任进行采访，采访的内容涉及老旧小区改造，如居委会如何了解老旧小区居民面临的问题，如何解决这些问题，最后的成效如何；对小区居民进行采访，了解居民对改造的想法，以及需要居委会进一步解决的问题。

3.展示交流：各小组将实践活动中收集的文字、图片、视频等资料进行整理，制作成调查报告和PPT，在课堂上进行交流分享。

五、评价方法与标准

开展评价总结能够了解学生的学习情况和活动开展的效果情况，从而不断改进和完善社会实践活动。

通过设置自评——"活动感受"板块让学生写下参与此次活动的收获和成就。

通过设置他评——"组员评价""教师评价"和"居委会主任评价"板块让同伴、教师和居委会主任从不同角度评价学生在此次活动中的表现，如学生的参与度、语言表达能力、团队协作精神等。

活动结束后，学生以小组形式对活动进行总结并汇报，教师进行打分。对于表现突出的小组给予奖励。通过自我评价与他人评价相结合，过程性评价与总结性评价相结合，学科内容学习效果评价与实践活动能力评价相结合，不仅可以调动学生参与活动的热情，还能提高学生的社会实践能力。

社会实践活动评价表

评价内容	评价等级标准			评价等级
	A	B	C	
活动设计	活动设计完整,设计方案和思路清晰	活动设计较完整,设计方案和思路较清晰	活动设计不完整,设计方案和思路不够清晰	
团队合作	分工合作明确,能够承担自己的任务并发挥特长,成员配合默契	分工合作较明确,能够承担一部分任务	分工不明确,不能承担自己的任务	
展示交流	调查报告内容翔实,表达清晰,声音洪亮,应答自如,能恰当运用展示工具	调查报告较翔实,表达清晰,但应答迟缓,能运用展示工具	调查报告不够翔实,表达不清晰,应答怯场,不能运用展示工具	

六、小结

　　思想政治课程力求构建学科逻辑与实践逻辑、理论知识与生活关切相结合的活动型学科课程,强调以"活动"为纽带,把"学生主体"与"学习内容"有机联结起来,要求以"社会实践活动"作为学科内容的载体。《普通高中思想政治课标准(2017年版2020年修订)》指出,开展社会实践活动,要从学生的成长需要出发,注重通过乡土资源的开发与利用,丰富教学内容,加深学生对社会的认识与理解。乡土资源与学生的生活联系紧密,有助于思想政治课内容的生活化。将乡土资源引入社会实践活动,不仅能增强学生对思想政治课的兴趣,还能激发学生热爱家乡、热爱祖国的情感。

　　学生通过前面的学习了解了我国的根本政治制度,但对于基层群众自治组织学生既熟悉又陌生,虽知道这些组织的存在,但对这些组织的组成、任务、特点等都不是很了解,通过走进居委会的活动,有助于学生了解我国的基层群众自治制度,激发学习理论知识的热情,关心社区和家乡建设,增强民主意识,培养公共参与的核心素养。